Zhongguo Wenhua
Zhishi Duben

中国文化知识读本

主编　金开诚

编著　靳亚洲

白居易与新乐府

吉林出版集团有限责任公司
吉林文史出版社

图书在版编目（CIP）数据

白居易与新乐府 / 靳亚洲编著. -- 长春：吉林出
版集团有限责任公司：吉林文史出版社，2009.12（2023.4重印）
（中国文化知识读本）
ISBN 978-7-5463-1986-5

Ⅰ．①白… Ⅱ．①靳… Ⅲ．①白居易（772~846）-
人物研究②乐府诗-文学研究-中国-唐代 Ⅳ.
①K825.6②I207.22

中国版本图书馆CIP数据核字(2009)第237408号

白居易与新乐府

BAIJUYI YU XINYUEFU

主编/ 金开诚 编著/靳亚洲

责任编辑/曹恒 于涉 责任校对/王文亮

装帧设计/曹恒

出版发行/吉林出版集团有限责任公司 吉林文史出版社

地址/长春市福祉大路5788号 邮编/130000

印刷/天津市天玺印务有限公司

版次/2009年12月第1版 印次/2023年4月第3次印刷

开本/660mm×915mm 1/16

印张/8 字数/30千

书号/ISBN 978-7-5463-1986-5

定价/34.80元

前　言

　　文化是一种社会现象，是人类物质文明和精神文明有机融合的产物；同时又是一种历史现象，是社会的历史沉积。当今世界，随着经济全球化进程的加快，人们也越来越重视本民族的文化。我们只有加强对本民族文化的继承和创新，才能更好地弘扬民族精神，增强民族凝聚力。历史经验告诉我们，任何一个民族要想屹立于世界民族之林，必须具有自尊、自信、自强的民族意识。文化是维系一个民族生存和发展的强大动力。一个民族的存在依赖文化，文化的解体就是一个民族的消亡。

　　随着我国综合国力的日益强大，广大民众对重塑民族自尊心和自豪感的愿望日益迫切。作为民族大家庭中的一员，将源远流长、博大精深的中国文化继承并传播给广大群众，特别是青年一代，是我们出版人义不容辞的责任。

　　本套丛书是由吉林文史出版社和吉林出版集团有限责任公司组织国内知名专家学者编写的一套旨在传播中华五千年优秀传统文化，提高全民文化修养的大型知识读本。该书在深入挖掘和整理中华优秀传统文化成果的同时，结合社会发展，注入了时代精神。书中优美生动的文字、简明通俗的语言、图文并茂的形式，把中国文化中的物态文化、制度文化、行为文化、精神文化等知识要点全面展示给读者。点点滴滴的文化知识仿佛颗颗繁星，组成了灿烂辉煌的中国文化的天穹。

　　希望本书能为弘扬中华五千年优秀传统文化、增强各民族团结、构建社会主义和谐社会尽一份绵薄之力，也坚信我们的中华民族一定能够早日实现伟大复兴！

目录

一、 白居易生平经历 …………………………… 001

二、新乐府和新乐府运动 ……………………… 011

三、白居易创作新乐府诗歌的用意 …………… 025

四、白居易新乐府诗的特点 …………………… 041

五、白居易新乐府对后世诗歌的影响 ………… 057

六、白居易新乐府诗鉴赏 ……………………… 081

一、白居易生平经历

白居易画像

白居易（772—846年），字乐天，晚号香山居士，唐代下邽（今陕西渭南）人，是中国文学史上负有盛名的诗人和文学家。他的诗在中国、日本和朝鲜等国有广泛影响，晚年官至太子少傅，谥号"文"，世称白傅、白文公。在文学上积极倡导新乐府运动，主张"文章合为时而著，歌诗合为事而作"，写下了不少感叹时世、反映人民疾苦的诗篇，对后世颇有影响。著有《白氏长庆集》七十一卷。

白居易的一生以44岁被贬江州司马为界，可分为前后两期。前期是"兼济天下"时期，后期是"独善其身"时期。白居易于贞元十六年（800 年）29 岁时中进士，先后任秘书省校书郎、盩厔尉、翰林学士，元和年间任左拾遗，写了大量讽喻诗，代表作有《秦中吟》十首和《新乐府》五十首，这些诗使权贵切齿、扼腕、变色。元和六年，白居易母亲因患神经失常病死在长安，白居易按当时的规矩，回故乡守孝三年，服孝结束后回到长安，皇帝安排他做了左赞善大夫。元和十年六月，白居易 44 岁时，宰相武元衡和御史中丞裴度遭人暗杀，武元衡当场身死，裴度受了重伤。对如此大事，当时掌权的宦官集团和旧官僚集团居然保持镇静，不急于处理。白居易十分气

白居易故居景观

愤，便上疏力主严缉凶手，以肃法纪。可是那些掌权者非但不褒奖他热心国事，反而说他是东宫官，抢在谏官之前议论朝政是一种僭越行为；还说他母亲是看花时掉到井里死的，他写赏花的诗和关于井的诗，有伤孝道，这样的人不配做左赞善大夫陪太子读书，应驱逐出京。于是他被贬为江州司马。实际上他得罪权贵的原因还是那些讽喻诗。

贬官江州给白居易以沉重打击，他说自己是"面上灭除忧喜色，胸中消尽是非心"，早年的佛道思想开始滋长。三年后他升任忠州刺史。元和十五年，唐宪宗暴死在长安，

唐宪宗画像

唐穆宗光陵石碑

唐穆宗即位，穆宗爱惜白居易的才华，把他召回了长安，先后做司门员外郎、主客郎中知制诰、中书舍人等。但当时朝中很乱，大臣间争权夺利，明争暗斗；穆宗政治荒怠，不听劝谏。于是白居易极力请求外放，穆宗长庆二年出任杭州刺史，杭州任满后任苏州刺史。晚年以太子宾客分司东都。70岁致仕。比起前期来，他消极多了，但他毕竟是一个曾经有所作为的、积极为民请命的诗人，此时的一些诗，仍然流露了他忧国忧民之心。他依旧勤于政事，做了不少利国利民的好事，如他曾经疏浚李泌所凿的六井，解决人民的饮水问题；他在西湖上筑了一道长堤，蓄水

灌田，并写了一篇通俗易懂的《钱塘湖石记》，刻在石上，告诉人们如何蓄水泄水，认为只要"堤防如法，蓄泄及时"，就不会受旱灾之苦了。这就是著名的"白堤"。

李白塑像

白居易的祖父白湟、父亲白季庚及外祖父都是诗人，在这种家庭背景下，白居易读书十分刻苦，但白居易和李白、杜甫一样，也嗜酒成性。张文潜在《苕溪渔隐丛话》中说：陶渊明虽然爱好喝酒，但由于家境贫困，不能经常喝美酒，与他喝酒的都是打柴、捉鱼、耕田的乡下人，地点在树林田野间；而白居易家酿美酒，每次喝酒时必有丝竹伴奏，童伎侍奉，与他喝酒的都是社会上的名流，如裴度、刘禹锡等。

据《穷幽记》记载，白居易家有池塘，可泛舟。他有时在船上宴请宾客，命人在船旁吊百余只空囊，里面装有美酒佳肴，随船而行，要吃喝时，就拉起，吃喝完一只再拉起一只，直至吃喝完为止。如此说来，与陶渊明的苦况相比，当然不同。方勺《泊宅编》卷上说：白乐天多乐诗，二千八百首中，饮酒者八百首。这个数字不算小。他喝酒时，有时是独酌。如在苏

白居易故居雕塑

州当刺史时，因公务繁忙，便用酒来排遣，他是以一天酒醉来解除九天辛劳的。他说：不要轻视一天的酒醉，这是为消除九天的疲劳。如果没有九天的疲劳，怎么能治好州里的人民。如果没有一天的酒醉，怎么能娱乐身心。他是用酒来进行劳逸结合的。

更多时候是同朋友合饮。他在《同李十一醉忆元九》一诗中说："花时同醉破春愁，醉折花枝当酒筹。"；在《赠元稹》一诗中说："花下鞍马游，雪中杯酒欢。"；在《与梦得沽酒闲饮且约后期》一诗中说："共把十千沽一斗，相看七十欠三年。"；在《同李十一

白居易故居墓碑

元稹塑像

白居易故居雕塑

醉忆元九》一诗中说："绿蚁新醅酒，红泥小火炉。晚来天欲雪，能饮一杯无？"如此等等，不一而足。河南尹卢贞刻《醉吟先生传》于石，立于墓侧。传说洛阳人和四方游客，知白居易生平嗜酒，所以前来拜墓都用杯酒祭奠，墓前方丈宽的土地上常是湿漉漉的，没有干燥的时候。

白居易逝世时，时年 75 岁，葬于龙门山。他去世后，唐宣宗写诗悼念他说："缀玉连珠六十年，谁教冥路作诗仙？浮云不系名居易，造化无为字乐天。童子解吟《长恨》曲，胡儿能唱《琵琶》篇。文章已满行人耳。一度思卿一怆然。"

二、新乐府和新乐府运动

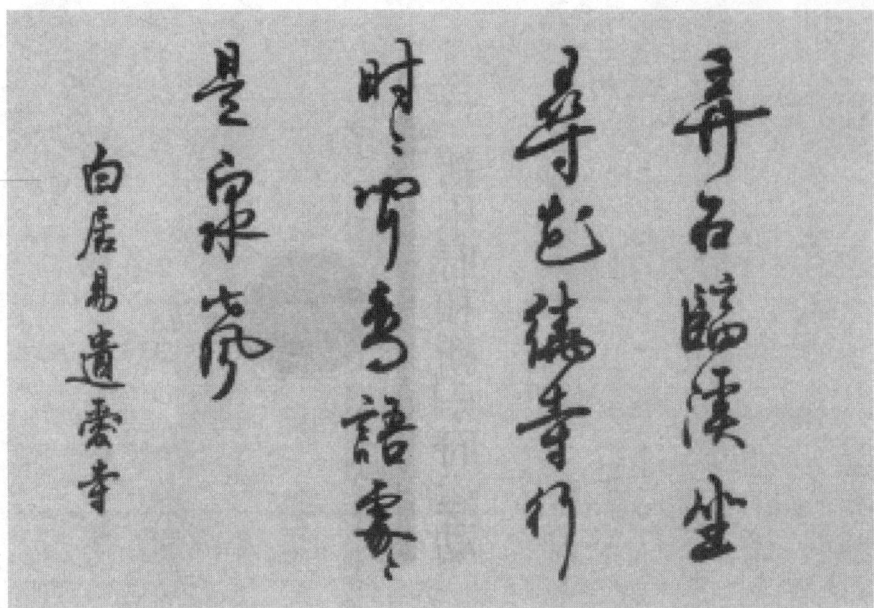
舞石临溪坐
寻花绕寺行
时吟秋语（？）
题泉底（？）
白居易遗爱寺

白居易墨迹

乐府是秦汉时主管音乐的官署，其职能是掌管宫廷、巡行、祭祀所用的音乐，制定乐谱，训练乐工，同时采集民间诗歌和乐曲。六朝时，人们从音乐观点出发，把乐府官署所采集、创作的歌词，统称为"乐府诗"，或简称为"乐府"，"乐府"就逐渐演变成为一种诗体名称了。这就像"驸马"这一名称的演变，驸马本是汉朝的官名，可魏晋以后，皇帝的女婿照例做这个官，因此驸马就成为皇帝女婿的专称，它的本义反倒逐渐淡化了。"乐府"也同样经历了这样一个演变过程，除汉代的乐府诗外，魏晋至唐可以入乐的诗歌，以及仿乐府古题的诗歌，也都被称为"乐

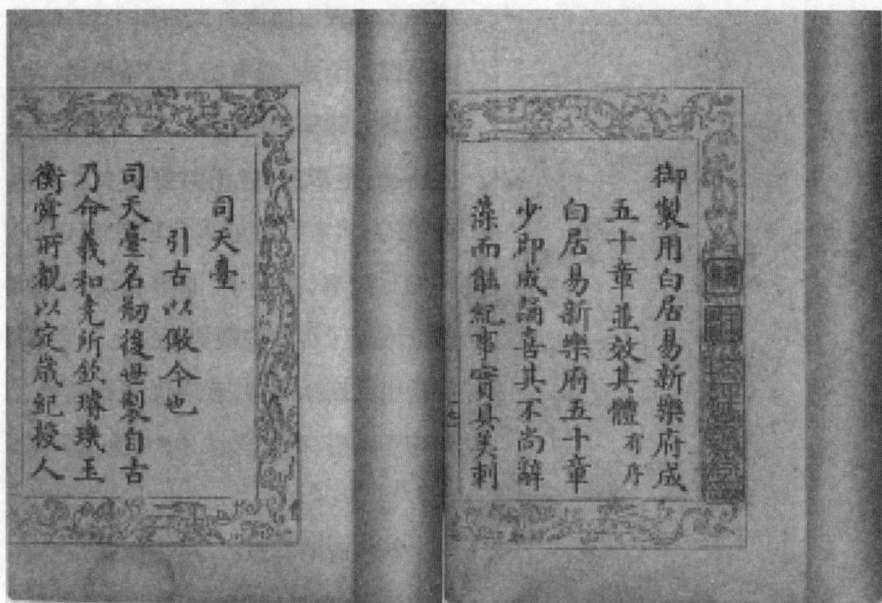

《御制用白居易新乐府》诗卷

府诗"或"乐府"。乐府诗除要求配乐歌唱外，其形式与古体诗没有什么区别，是古体诗的一种。乐府诗相当一部分采自民间，具有通俗易懂、反映现实和可以入乐几个特点。后来文人也仿作乐府诗，唐代把南北朝以前的乐府诗统称作古乐府。

"新乐府"是以白居易、元稹为代表的唐代诗人共同创建的一种用新题写时事的乐府式的诗歌体裁，它是针对乐府古题诗而言的。由于汉代以后的诗人在仿作乐府诗时拘泥于旧题旧调，使这一诗体大大失去了原有的光彩，虽然也有少数人的作品是借旧题写时事，但题目与内容既不协调，又限制了反映现实的范围。于是，初唐诗人写乐府诗，除沿袭汉魏六朝乐府旧题外，已开始有人另立新题，至李白、杜甫时更是大加发展。杜甫的《兵车行》《丽人行》等，用乐府新体描写时事，做到了"即事名篇，无复依傍"，增强了诗歌的现实意义。宋代郭茂倩指出："新乐府者，皆唐世之新歌也。以其辞实乐府，而未尝被于声，故曰新乐府也。"

新乐府的特点：一是用新题。建安以来的作家们歌写时事，多因袭古题，往往内容受限制，且文题不协。白居易以新题写时事，故又名"新题乐府"。二是写时事。建安后

杜甫故居景观

白居易与新乐府

杜甫诗作书法木刻

作家有自创新题的，但多无关时事。既用新题，又写时事，始于杜甫。白居易继其传统，以新乐府专门美刺现实。三是不以入乐与否为衡量标准。新乐府诗可以"播于乐章歌曲"。从音乐角度看是徒有乐府之名，而在内容上则是直接继承了汉乐府的现实主义精神，是真正的乐府。但真正明确标出"新乐府"的名称，并从理论上加以概括总结，使之成为一种有意识的写作准则，并推广形成为诗歌改革运动的，则是中唐著名诗人白居易。他所写的五十首《新乐府》，广泛地反映了人民的疾苦，并表示了极大的同情。他提出了"文章合为时而著，歌诗合为事而作"的创作主

白居易纪念苑

张，认为诗歌应植根于现实生活，强调形式必须为内容服务。

新乐府运动，是由唐代诗人白居易、元稹等所倡导的一场诗歌革新运动。这类诗的特点是：自创新题，咏写时事，体现汉乐府的现实主义精神。白居易、元稹、李绅、张籍、王建是这一运动中的重要作家。白居易的《新乐府》五十首、《秦中吟》十首，元

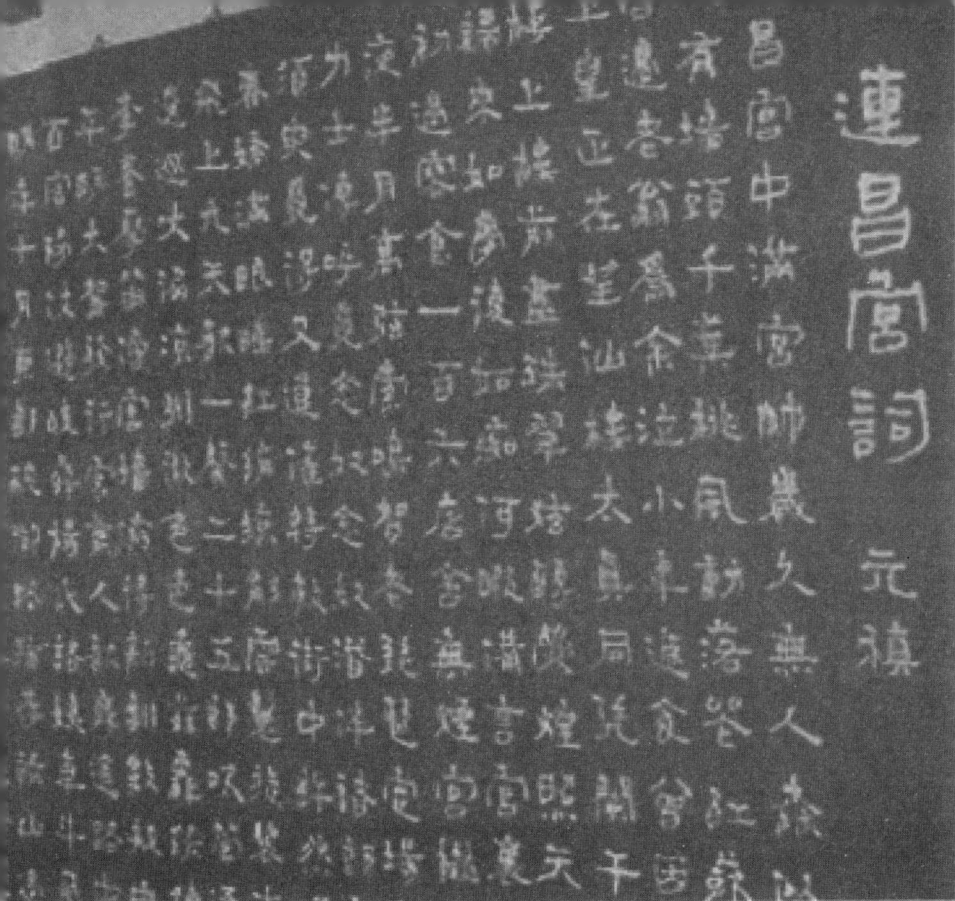

元稹《连昌宫词》

稹的《田家词》《织妇词》，张籍的《野老歌》，王建的《水夫谣》，为新乐府运动中的优秀作品。

新乐府运动是贞元、元和年间特定时代条件下的产物。这时，安史之乱已经过去，唐王朝正走向衰落。一方面,藩镇割据,宦官擅权，赋税繁重，贫富悬殊，吐蕃侵扰，战祸频仍，社会生活各方面的矛盾进

韩愈塑像

一步显露出来；另一方面，统治阶级中一部分有识之士，对现实的弊病有了更清楚的认识，他们希望通过改良政治，缓和社会矛盾，使得唐王朝中兴。这种情况反映在当时的文坛和诗坛上，便分别出现了韩愈、柳宗元倡导的古文运动和白居易、元稹倡导的新乐府运动。

元和四年 (809 年)，李绅首先写了《新题乐府》二十首（今逸）送给元稹。元稹认为"雅有所谓，不虚为文"，于是"取其病时之尤急者，列而和之"，写作了《和李

校书新题乐府十二首》。后来白居易又写
成《新乐府》五十首，正式标举"新乐府"
的名称。白居易还有《秦中吟》十首，也
体现了同样的精神。新乐府作为诗歌运动，
其创作并不限于写新题乐府。当时张籍、
王建、刘猛、李馀等人，既写新题乐府，
又写古题乐府，都体现了诗歌革新的方向。
元稹原与白居易、李绅约定"不复拟赋古
题"，后来见到刘猛、李馀所作古乐府诗，
感到"其中一二十章，咸有新意"，于是
又和了古题乐府十九首。虽用古题，但或
"全无古义"，或"颇同古义，全创新词"，
其实质、作用与新乐府是一致的。这样，

柳宗元塑像

在当时形成了一个影响很大的诗歌运动，文学史上称之为"新乐府运动"。

白居易在《与元九书》《新乐府序》《寄唐生》《伤唐衢》《读张籍古乐府》等诗文中，元稹在《和李校书新题乐府序》《乐府古题序》等诗序中，阐述了新乐府运动的理论主张。所谓"文章合为时而著，歌诗合为事而作"，"为君、为臣、为民、为物、为事而作，不为文而作"，明确提出了新乐府运动的基本宗旨。所谓"救济人病，裨补时阙""上以补察时政，下以泄导人情""风雅比兴外，未尝著空文"，强调了诗歌的社会功能和讽喻作用。所谓"惟歌生民病""但伤民病痛""讽

白居易塑像

白居易与新乐府

忠州白公祠

兴当时之事"，反对"嘲风雪、弄花草"，是主
张诗歌要有社会内容，要反映民生疾苦和社会
现实弊端。所谓"根情、苗言、华声、实义""其
辞质而径""其言直而切""其事核而实""其
体顺而肆""非求宫律高，不务文字奇"，则是
要求诗歌的形式与内容统一，为内容服务，表
达直切顺畅，让人容易接受。这些诗歌理论，
一反大历以来逐渐抬头的逃避现实的诗风，发
扬了《诗经》、汉魏乐府和杜甫以来的优良的
诗歌传统，是具有进步意义的。

　　新乐府运动的创作，既然要针砭现实、指
斥时弊，自然就不得不触犯许多权势者。白居
易说，他的诗曾使得"权豪贵近者相目而变色"，

皮日休故里竟陵

"执政柄者扼腕","握军要者切齿",竟至"言未闻而谤已成",可见斗争是很激烈的。元和十年，白居易横遭毁谤，远谪江州，以他为主要倡导者的新乐府运动也因此受到挫折。事实上，统治阶级的腐败和现实政治的黑暗，也使得新乐府运动已无法再继续下去。尽管如此，它在中国诗歌史上仍留下了光辉的一页，并对后世诗歌的发展产生了深远的影响。晚唐皮日休作《正乐府》十篇，聂夷中也多写反映现实的乐府诗，就是对新乐府运动传统的直接继承。白居易、元稹等诗人或"寓意古题"，或效法杜甫"即事名篇"，以乐府古诗之体，改进当时民间流行的歌谣，积极从事新乐府诗歌的创作。白居易的《新乐府》五十首和《秦中吟》十首，元稹的《田家词》《织妇词》《和李校书新题乐府十二首》，是他们的代表作。张籍的乐府三十三首以及《野老歌》《筑城词》《贾客乐》等诗歌，反映了战争给人民带来的苦难，揭露了统治者对人民残酷的剥削和奴役。王建在《水夫谣》中描写了驿船纤夫的悲惨生活。《田家行》《簇蚕辞》则揭露了封建赋役的残酷。李绅曾作新题乐府二十首，惜已无存。他的《悯农》诗二首："春种一粒粟，秋收万颗子。四海无闲田，农夫犹饿死"；"锄禾日当午，汗滴

白居易墓

杜甫塑像

禾下土。谁知盘中餐，粒粒皆辛苦"，已成
为千古传诵的名诗。

新乐府运动由于前有杜甫开创的传统，
后有元结、顾况继其事，张籍、王建为先导，
到了"元白"时期，明确地提出了"文章合
为时而著，歌诗合为事而作"的一整套理论，
加之元、白诗才盖世，写作了大量新乐府诗
歌，给当时以极大影响，使这一伟大的文学
运动取得了巨大成就，并在中国诗歌史上产
生了深远的影响。

白居易与新乐府

三、白居易创作新乐府诗歌的用意

白居易《话竹》诗句石刻

忠州白公祠景观

关于白居易创作新乐府诗的用意，一般认为是诗人出于裨补时政的动机，那些涉及民风的作品则为了讽喻时事、倡导风俗教化。在传统儒家的政治学说中，"风"是一个重要的概念，"风教"也是一项重要的治国方略。"风教"的施行包含"观"与"教"两项任务。"观"即"观民风"，用以了解社会风气，察看政治效果。"教"即教化、教导，"教"的任务是在"辨风"后，制定新政令，树立"新风"标准，借之引导民风。"观民风"与"树新风"结合起来，就是传统儒家政治理论中"行风教"的基本内容。白居易的政论核心是"王教"，也就是"风教"。"诗教"是"风

白居易与新乐府

木简《诗经》

教"的重要形式，"采诗"自然成为推行儒家风教政治的首要环节，白居易倡导恢复西周采诗制，正是他标举儒家风教政治传统的具体表现。欲真正革除当今政治的弊端、再现周朝治世风貌，必须建立一整套观民风、听民声、补时政、导人情的行政制度，而他所倡议的采诗制应该担当起这一重任。建设政治制度的同时，白居易对于诗坛的状况也自有期待，白居易盛赞讽逸君、诲贪臣、感悍妇、劝薄夫等作品，从中可见他的乐府主张：取法乎《诗经》，讲究兴寄、追求作品的美刺功效，对上讽喻规谏，对下能感劝世人。这是白居易综合了《诗经》的"美刺比兴"精神

《白香山诗集》书影

传统与汉乐府行"风俗教化"之创作实践后提出来的，做到这两点，也就再次接续了周代的风教传统。在白居易的采诗察政理论宏图中，向上"补察时政"与向下"泄导人情"是双向并取的用以实现新乐府功能的两个方面。白居易迫不及待地进行《新乐府》创作，以体察民情、感劝世俗之心，为未来采诗官提供可采之诗的范本。《新乐府》以并不受朝廷青睐的形式创作，更待尚未设置的采诗官从民间采之，配乐之后奏于朝廷，这一回环曲折中显示了白居易的良苦用心。

白居易不仅有自觉而强烈的维护诗歌之

白居易草堂

风雅比兴传统的意识，并且将其与风教政治建设紧密联为一体。《新乐府》成为此期白居易的诗歌主张与政治理想相结合的"新"乐府诗标本。细审五十篇《新乐府》，按照诗人的写作意图及作品的言说对象，可分两类：一是"代民请命，劝谏君主"即所谓"劝上"类；二是"训俗化下，泄导人情"即所谓"化下"类。

前一类中，既包括如《卖炭翁》《红线毯》等意在"使下人之病苦闻于上"的作品，也包括如《七德舞》《法曲》《海漫漫》等直接劝谏君主的作品，两者总以"劝上"为意。

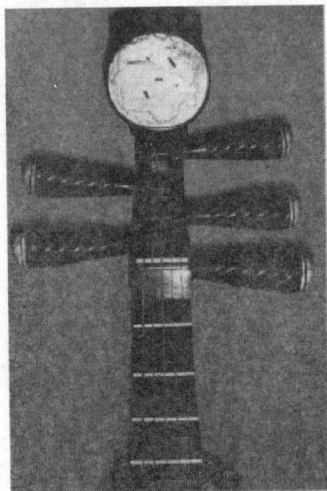
五弦琵琶

后一类中，依据作者讽刺教化的指向，又可分四组：

哀雅音沦丧，虑新声惑人。声音之道，本与政通，古人一向认为审视音律可以察知世运国风，"倡雅排俗"也是白居易推行礼乐教化的重要表现。从《五弦弹》诗可知，白居易理想的音乐是"正始之音"。诗中所说"清庙"即《诗经·周颂·清庙》，联系诗人"恶郑之夺雅"的创作宗旨，可知所谓"正始之音"即指如《诗经·清庙》一样的雅颂之乐。白居易提倡"正始之音"，自然反对五弦之乐。"五弦"指五弦琵琶，是唐代燕乐的主要乐器。杜佑《通典》曰："五弦琵琶，稍小，盖北国所出。"用器乐都有五弦。《燕乐伎》中既有大五弦，也有小五弦。据元稹、白居易诗的描绘，五弦琵琶的音乐特点是"繁音促节"。技艺高超的乐人弹奏五弦，能真切传达哀怨、杀伐之声情。与使人心气平和的"正始之音"比，五弦乐震荡人心、动人心魄，表露出重娱乐感人的新俗乐的特质。与五弦乐不同，古琴之音，闲远清淡，可视为"正始雅音"的代表。中唐人提倡复兴古道，诗文中往往取用"琴"这一物象，韩愈力作《琴操》十首即为明证。琴与"古道"相关联的

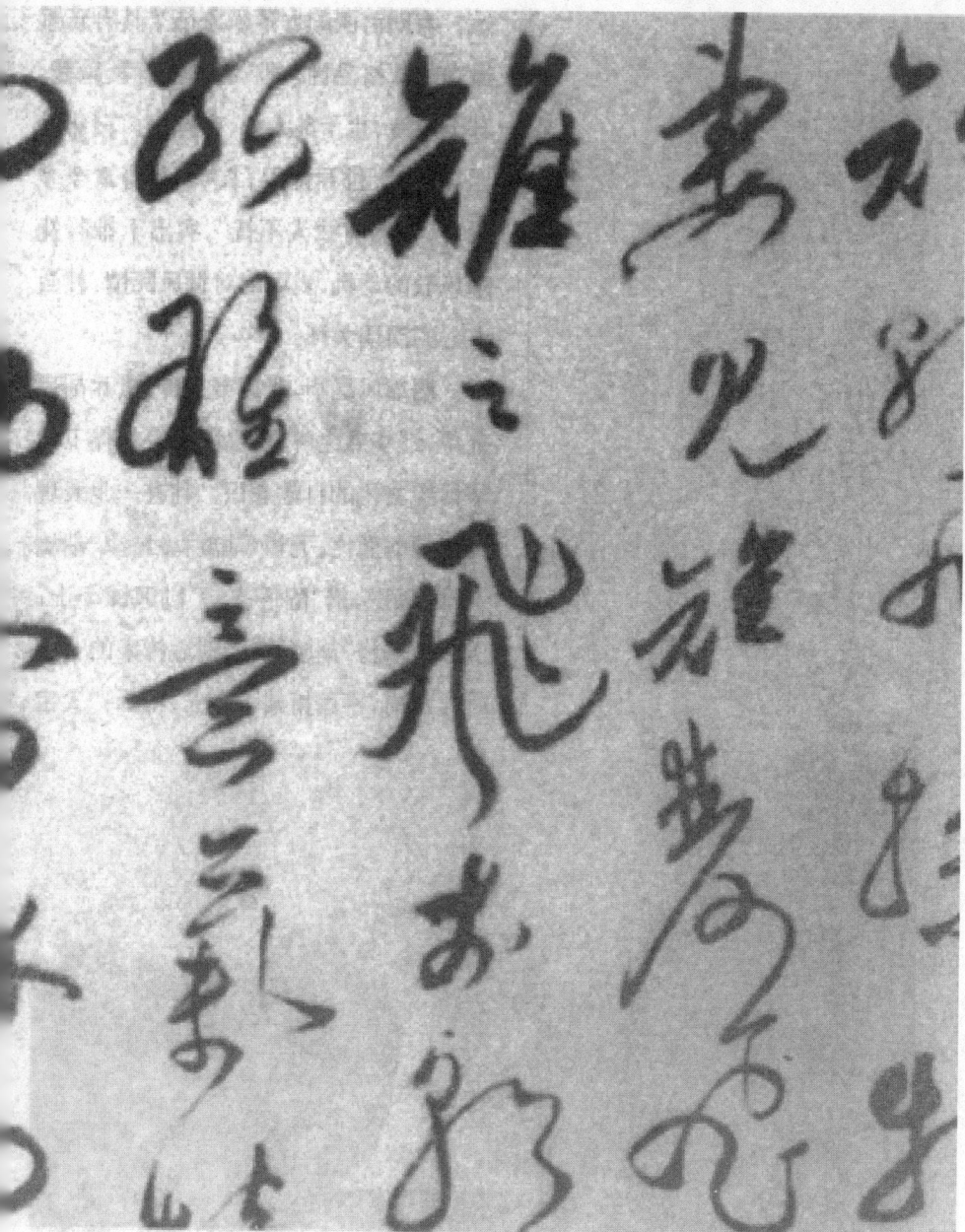

王逢年草书《韩愈琴操》(局部)

同时又与"抗俗"取得一致。疏朗清淡的古琴乐象征了具有正直操守的人格品性。雅颂之乐，有利风教，郑卫之音，止于乱人心、亡国事。白居易倡导雅音、排斥郑卫，哀叹"人情重今多贱古，古琴有弦人不抚"，实出于推行礼乐风教的动机，表现出对世风民情、社会人心的深切关怀。

刺胡风乱华，严华夷之辨。责斥胡风乱华，严华夷之辨，表现出白居易捍卫中华传统文化的自觉意识，且进一步表现为政治的教化。元稹《胡旋女》诗以"胡旋女"比杨妃，借"醒悟玄宗"以讽谏今上。白居易却将"胡旋"视为胡地传来的一种时代风尚，不固指

杨贵妃塑像

白居易与新乐府

《杨贵妃上马图》

某一个人，诗云："天宝季年时欲变，臣妾人人学圜转"，"从兹地轴天维转，五十年来制不禁"。衣着容貌也是审视一国风俗的重要标准，白居易自创《时世妆》一题，同样意在警戒胡风乱华。安史之乱后，社会矛盾日渐增多，人们的忧患日益深广，在初盛唐并不为人所忧虑的胡风胡俗，至中唐却成为政治家们所严厉批驳的对象。《新乐府》中的《两朱阁》诗，即专刺"佛寺浸多"。此时的唐人，对于外来文化的接受心态已渐由"开放、吸收"转变为"排斥、自卫"。白居易从乐舞、妆容等方面对胡风胡俗进行有意识的抵制，已经不仅仅是将华、胡两种文化

牡丹

进行对比，而是出于政治教化目的的政治文化抵抗。

刺世风奢靡，忧民风不淳。排斥外来文化干扰的同时，白居易又试图以儒家"美教化，移风俗"之诗教标准，匡革日渐衰变的社会风习，着眼于风俗的教化。自天宝后，世风趋于奢靡，不少有识之士对此深表忧虑，新乐府创作中对这一问题尤为关注。京城勋贵竞相修宅造园，马磷在京师"治第舍，尤为宏侈"，这股大兴土木、广造亭台之风已成社会隐患，《杏为梁》诗即由此而发。《草茫茫》意在批驳民间厚葬风习。厚葬之风，由唐一代屡禁难止。元和三年五月，郑元修奏议"王公士庶丧葬节制"，但其时"厚葬成俗久矣，

白园一角

虽诏命颁下，事竟不行"，《牡丹芳》《古
冢狐》两诗则试图反拨当代重华轻质、重
貌轻德的审美风尚。唐人具有赏牡丹之狂
热情绪，乐天《秦中吟·买花》也提及"家
家习为俗，人人迷不悟"。可见《牡丹芳》
虽云"美天子忧农"，深旨乃在讽诫"重
华轻质"之审美风尚。唐人信奉狐神，唐
人笔记中有大量关于狐怪的记载，"以色
惑人"是这类传说故事的一大主题。此类
故事的盛行，恰恰反映了当时社会在对女
性价值的评判上重貌不重德的思想倾向。
而儒家向来宣扬重德轻色，《古冢狐》之"戒
艳色"，诚可为普天下男子所深识。

　　从传统儒家的伦理、道德标准出发，

白狐

白居易创作新乐府诗歌的用意

唐太宗画像

白居易还对现实社会中官不守位、人心浇薄的不良世相进行整顿。自汉代以来，朝廷考察吏治往往与观采地方风俗结合在一起。《黑潭龙》一诗借祭龙神之仪式揭露、抨击地方官吏诱骗乡民，掠取财物之不良行径。唐代民间的祭祀风气很盛，太宗初即位就下诏革正此俗，但后之君王仍然惑于其事。李肇《唐国史补》载唐肃宗以王屿为相，"尚鬼神之事，分遣女巫遍祷山川"，"每岁有司行祀典者，不可胜纪，一乡一里，必有祠庙焉"，地方官以"禳灾祈福"扰民已是社会焦点问题之一。元和四年，宪宗也曾与李箔就禳灾祈福之事有过当面讨论。君明臣贤的时代自来就

是儒家子弟所追慕的，《太行路》一诗"借夫妇以讽君臣之不终"，从劝谏君主方面立意，《司天台》《城盐州》《西凉伎》《紫毫笔》《秦吉了》等诗则就"为臣之道"进行教诲。树立"新风"的标准，可以通过讽刺暴露，也可以采取美颂的方式，《青石》就是一篇通过美颂来"激忠烈"的乐府诗。《道州民》也歌颂了为民请命的地方官阳城，树立了良官良吏的标准。关注君臣关系的同时，"经夫妇"也是诗人进行伦理道德教化的重要内容。《母别子》关注已婚女子的人生处境，《井底引银瓶》则意在警戒未婚女子，为"止淫奔"而作。"始乱终弃"的现象，当时可能相当

白居易献碑诗

白居易诗作《涧底松》

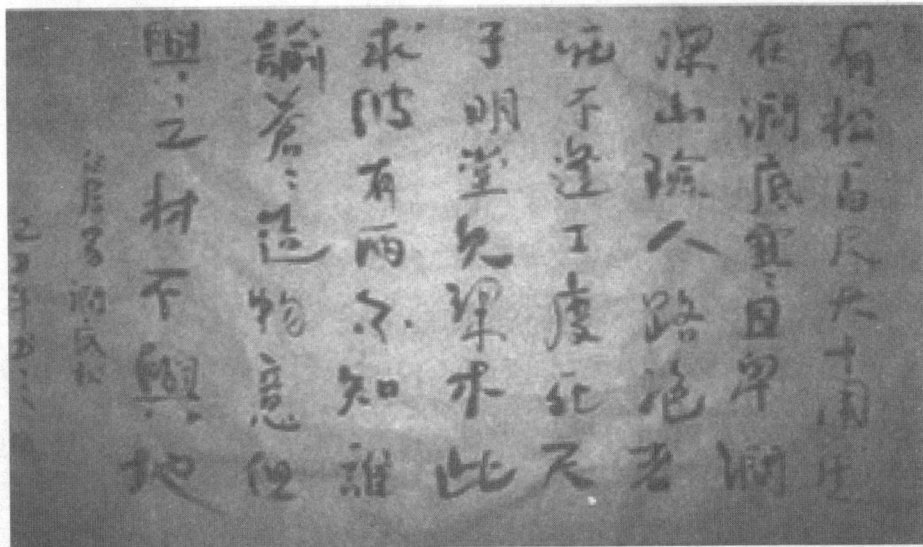

白居易与新乐府

白居易诗作《大林寺桃花》石刻

普遍，这从元稹《莺莺传》、蒋防《霍小玉传》中两位女主人公的遭遇可以见出。对于遭遇"始乱终弃"的莺莺，她的痴情虽博得众人同情，但社会舆论对张生也未作任何指责。同样，《井底引银瓶》中所表露的作者的态度，也是同情与劝教，这与其主张"教化"的思想有关。此外，《天可度》一诗所云，显然是带有普遍性的格训之言。实现民风淳朴是儒家推行风教政治的重要标志，也是王化之治的重要标志。风俗浇薄、人心不古的社会是绝对称不上"王化"的。对君臣之道、夫妇之道以及人与人之间关系的处理，白居易都从儒家伦理道德方面的要求有针对性地作了教导、规

白居易墓牌坊

范。以上所述既有"观民风"的作品，也有"树新风"的作品，诗人分别从礼乐教化、政治教化、风俗教化、伦理道德教化等层面实践了其风教政治中"化下"的理念。值得注意的是，《新乐府》中直接针对"民风"或间接关涉"民风"的作品近乎其总量的一半。社会风习以及道德教化问题在白居易的乐府理论构图中确实占有不小的比重，这些作品与"劝上"类作品合在一起，完整地体现了白居易的风教政治观念。

四、白居易新乐府诗的特点

陈子昂塑像

白居易的新乐府诗，描绘了中唐时期在阶级矛盾日益尖锐的情况下，劳动人民的痛苦生活和悲惨遭遇，揭露了贪官污吏对人民穷凶极恶的剥削压榨，对种种不合理的社会现象给予了愤怒的鞭笞和有力的抨击。诗人大义凛然、无所畏惧，虽使"权豪贵近者相目而变色""执政柄者扼腕""握军要者切齿"，仍坚持斗争、奋不顾身。这种政治上的勇气和胆识，是值得我们敬佩的。它表现了作者强烈的社会责任感，也反映了他思想中高度的人民性。我们应当给予充分的肯定。当然，白居易的新乐府诗歌的理论和实践也存在一些问题。例如在他著名的《与元九书》中，当谈到从《诗经》时代到中唐几千年的诗歌创作时，他的选择去取的标准就只有一个，即是否存"讽"。凡是没有讽喻之义的，便予以抹杀。"晋宋以还，得者盖寡。以康乐之奥博，多溺于山水；以渊明之高古，偏放于田园。江、鲍之流，又狭于此。""至于梁陈间，率不过嘲风雪、弄花草而已……然则'余霞散成绮，澄江静如练'，'离花先委露，别叶乍辞风'之什，丽则丽矣，吾不知其所讽焉。"甚至唐代也没有多少值得称赞的作品："所可举者，陈子昂有《感遇诗》二十首，鲍防有《感兴诗》十五首。"李白"索其风雅比兴，十无一焉"，杜甫则"撮其《新安吏》《石壕吏》《潼关吏》《塞芦子》《留花门》之章，'朱门酒肉臭，路有冻死骨'之句，亦不过三四十首"。这样的批评标准，显然是对唐初"折中文质"的美学思想、对盛唐诗人兼收并蓄、转益多师的美学追求的一种背离。尽管白居易的全部诗歌创作也并没有完全受这一思想的局限，但这种思想的影响却是明显的。因为写诗的目的仅仅是为"讽谏"，他必然过多强调"愿得天子知""时得至尊闻"的一面。他把全部希望寄托在"帝心恻隐知人弊"上，

李白故居一景

渴望着"然后君臣亲览而斟酌焉，政之废者修之，阙者补之；人之忧者乐之，劳者逸之"。渴望着用"白麻纸上书德音，京畿尽放今年税"这样的模式，来解救天下人的苦难。这种对最高统治者的依赖，暴露出诗人思想上的局限性，也使他的诗降低了批判现实的意义。

由于作者以诗歌为谏草，只是把一切须要讽谏之事写入诗中，而不考虑是否适于用诗歌表达，所以他的一些诗不可避免地带有概念化的倾向。叶嘉莹先生曾说白居易的讽喻诗是"为道德而道德"，"往往只是出于一种理性的是非善恶之辨"就部分作品而言，

草书白居易诗作《花非花》

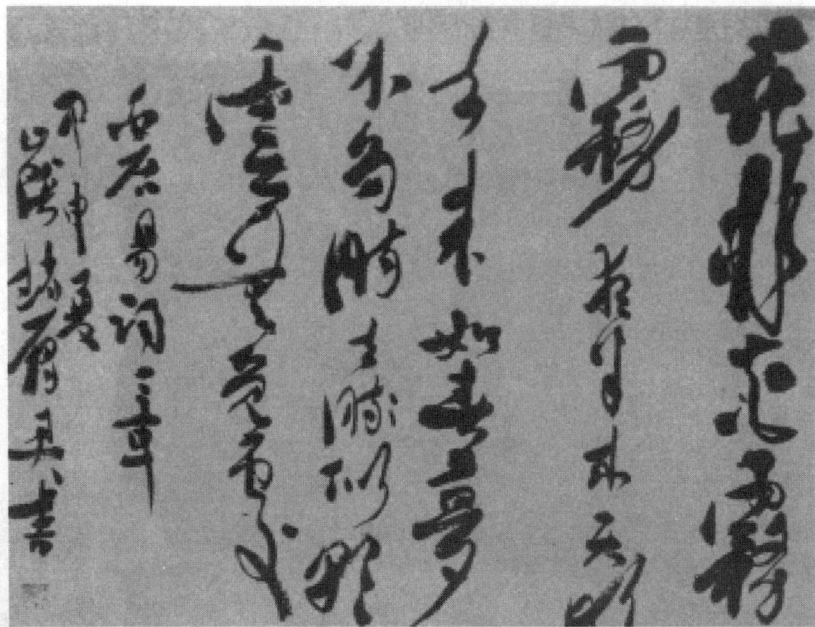

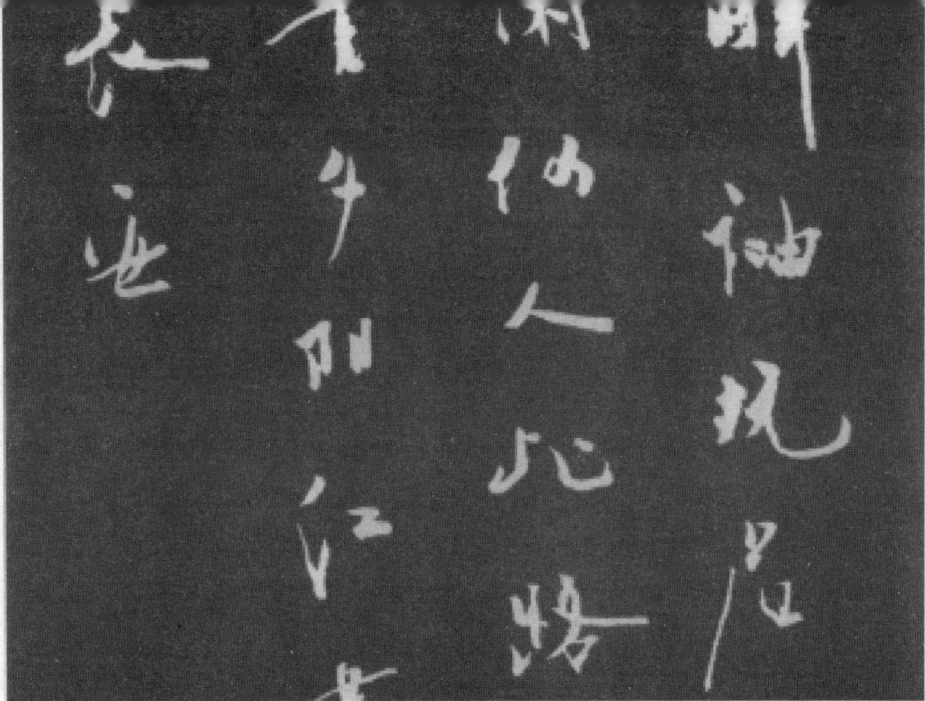

张舜民书法作品

这种批评是有一定根据的。他的诗中还有一些率易浅露、乃至生硬枯燥的议论。如《华原磬》一诗中的"始知乐与时政通，岂听铿锵而已矣"、《太行路》中的"人生莫作妇人身，百年苦乐由他人……不独人间夫与妻，近代君臣亦如此"、《草茫茫》中的"奢者狼藉俭者安，一凶一吉在眼前"等等。这样的议论，因为太尽太露，缺少血肉，往往流于苍白的说教。宋张戒说白诗"其词伤于太繁，其意伤于太尽"，清张谦宜说他"语直而味短"，宋人张舜民甚至说"白乐天新乐府几乎骂"。这些也都并不完全是苛责。

昭阳殿一景

诗中往往融入议论。因为作者"惟歌生民病"的目的，就是"愿得天子知"，所以当他看到人民的痛苦、社会的不平时，便急切地希望最高统治者知道这一切。于是描写之际，就不乏议论。他的有些议论，是能够融化在形象之中和描写有机结合在一起的，比如《缭绫》一诗，通过对缭绫的描写，反映了"汉宫姬"和"越溪寒女"相去天壤的生活状况，深刻揭露了统治阶级的荒淫奢侈，是一首思想性和艺术性结合得比较好的诗。这首诗的结尾是有议论的，但这些议论是和全诗的描写和谐交织在一起的。由于诗的前面有对缭绫精美的"中有文章又奇绝……天上取样人间织"的描写，所以后面"缭绫织成费功绩，莫比寻常缯与帛。丝细缲多女手疼，扎扎千声不盈尺"的议论就显得很自然，宛如作者深沉的叹息。又因为前面作了"织者何人衣者谁？越溪寒女汉宫姬"这样的铺垫，所以结尾的"汗沾粉污不再著，曳土蹋泥无惜心……昭阳殿里歌舞人，若见织时应也惜"的议论也就在情理之中，不显得突兀。此外，如《红线毯》一诗，在叙述了宣州百姓织染红线毯的艰辛过程之后，作者发出了"宣州太守知不知？一丈毯，千两丝，地不知寒人要暖，少夺人衣作地衣"的议论，对

汉白玉白居易立像

宣州太守掠民媚上的行为进行了斥责。又如
《轻肥》一诗，在写出了内臣权贵们的豪华
盛宴之后，突然用"是岁江南旱，衢州人食人"
冷峻地作结，使这人间惨状与前文的描写形
成鲜明的对比，作者的议论即在不言之中。
如《买花》中"一丛深色花，十户中人赋"、《歌
舞》中"岂知阌乡狱，中有冻死囚"这样的"片
言居要"大大加强诗歌的主题，同时又能结
合描写、自然生发的议论，在白居易的讽喻
诗中还有很多。

　　白居易的新乐府诗还创造了一种明白浅
显、通俗易懂的语言。彭乘《墨客挥犀》中
曾有这样一段记载："白乐天每作诗，令一

洛阳白园风光

白居易与新乐府

洛阳白园一景

老妪听之,问曰:'解否？'曰:'解。'乃录之；不解，则又复易之。"虽然未必实有其事，但白居易的新乐府诗在有意识地追求一种平易浅俗的语言风格，则是毫无疑问的。我们看《杜陵叟》中的"剥我身上帛，夺我口中粟。虐人害物即豺狼，何必钩爪锯牙食人肉"、《卖炭翁》中的"卖炭得钱何所营，身上衣裳口中食。可怜身上衣正单，心忧炭贱愿天寒"、《上阳白发人》中"玄宗末岁初选人，入时十六今六十"等等，都是一种没有华丽辞藻和深奥典故的、明白如口语的、大众化的语言。但同时，这些诗句又极其深刻地揭

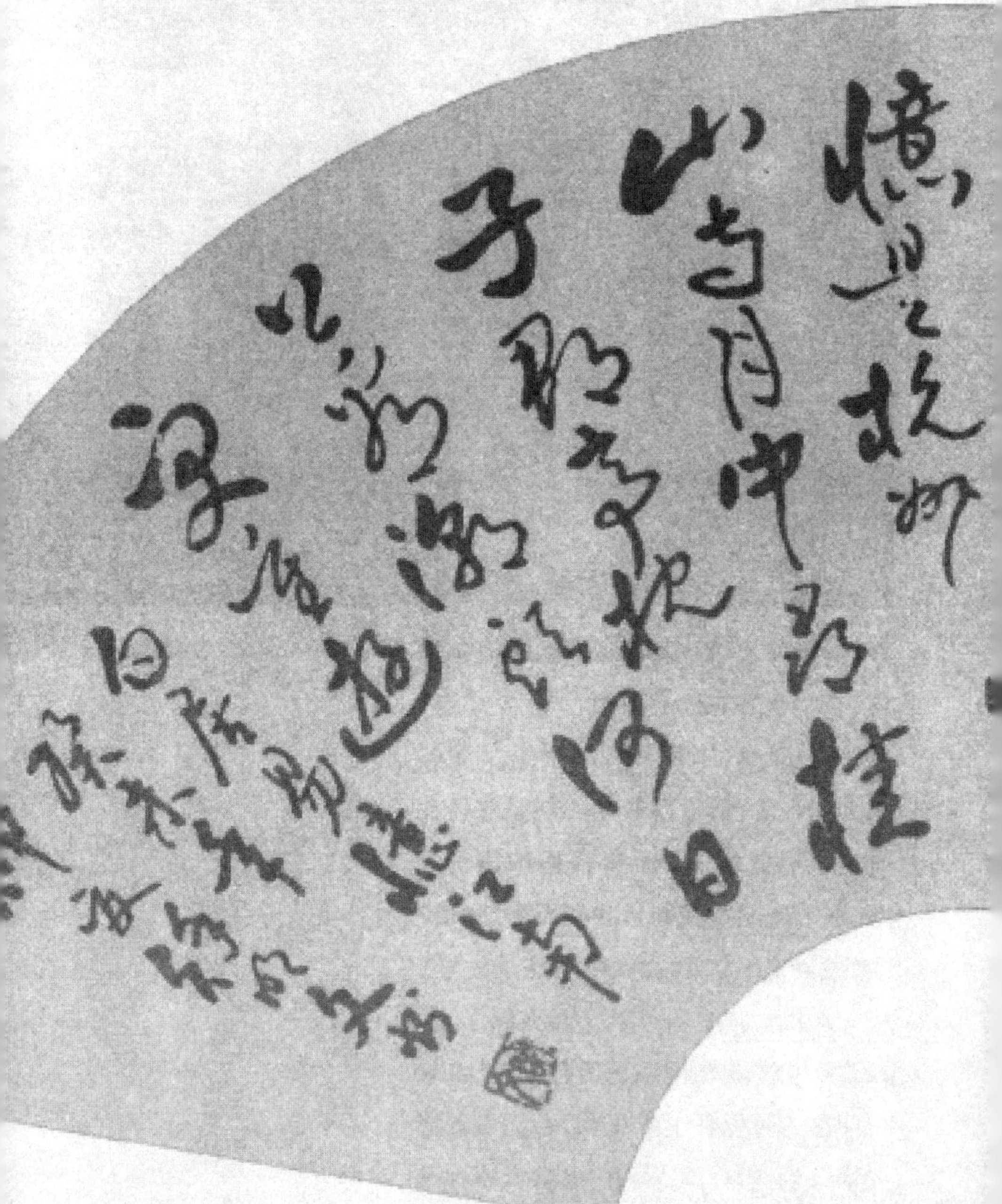
憶是杭州
山寺月中尋桂
子郡亭枕上看
潮頭何日
更重遊

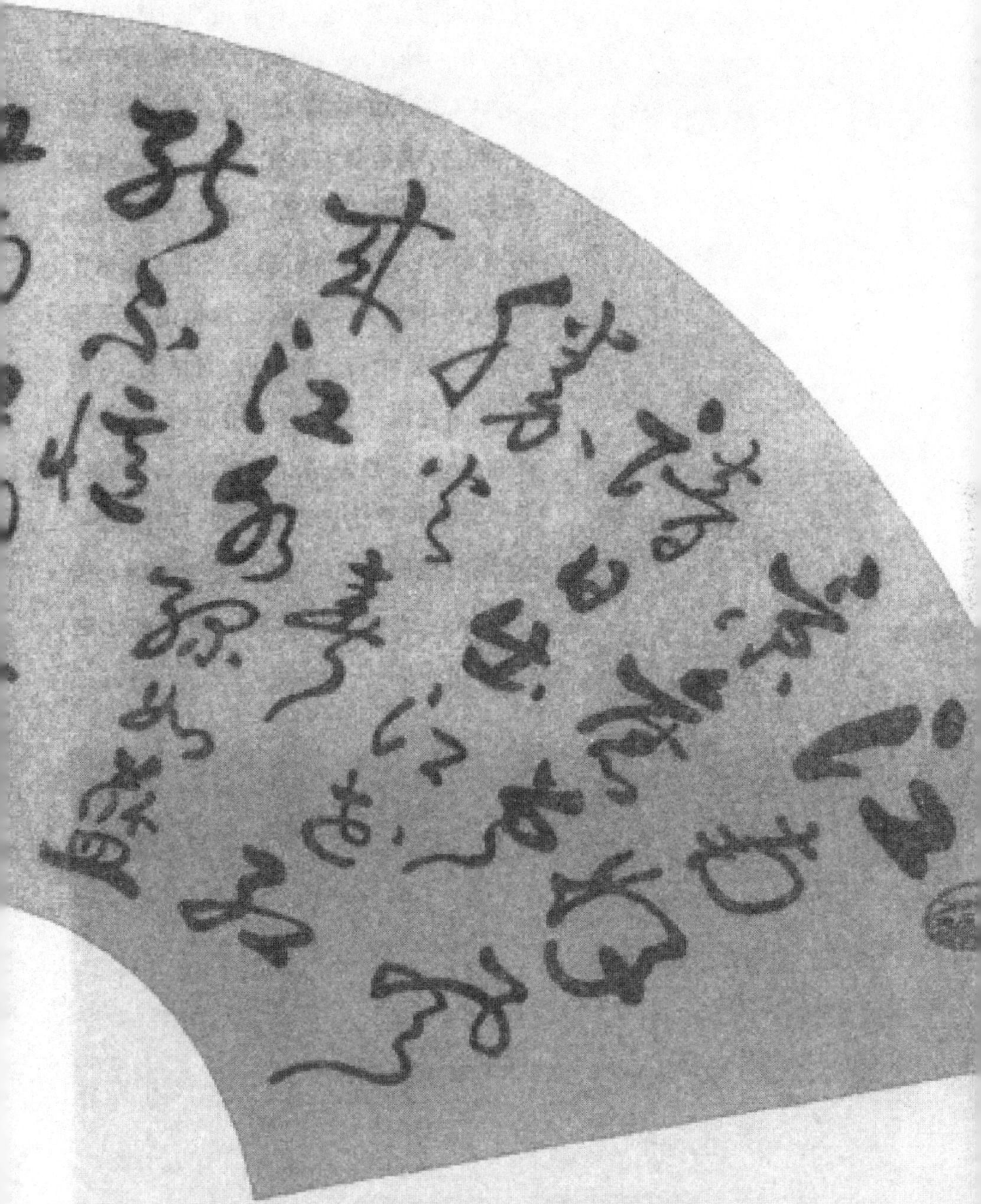

示了统治阶级对人民的残酷压迫，揭示了人间的苦难和社会的不公，具有强烈的感染力。过去有人以"白俗"责之，确是有失公允之论。清人袁枚曾说："白傅改诗，不留一字。今读其诗，平平无异。意深词浅，思苦言甘。寥寥千年，此妙谁探？"刘熙载也曾指出："常语易，奇语难，此诗之初关也。奇语易，常语难，此诗之重关也。香山用常得奇，此境良非易到。"都说明白诗之"俗"，是寄托了作者的苦思深意，为了使"见之者易谕"而以浅显出之的"俗"，是经过诗人精心锤炼、"此境良非易到"的艺术化之"俗"。而正是这样的"俗"，使得白诗能够在社会上更加

刘熙载故居

白居易与新乐府

广泛地流传。

《新乐府》多用三三七或三七杂言之句式。陈寅恪先生在《元白诗笺证稿》中曾有论述，指出：新乐府与民间歌谣俗曲有关联，《新乐府》是以毛诗、乐府古诗以及杜甫诗来改进当时民间流行之歌谣。吴相洲则进一步分析了元白新乐府与佛经变文在句式上的关系，但认为元白作新乐府"要改良的恐怕不是民间俗曲，而是宫廷的乐曲，对民间俗曲是借鉴，而不是改造"，具有"新歌诗"性质的《新乐府》组诗。由于不仅有播于乐府、为上所闻的意愿，更有教化民心、引导世风的现实要

国学大师陈寅恪文稿遗墨

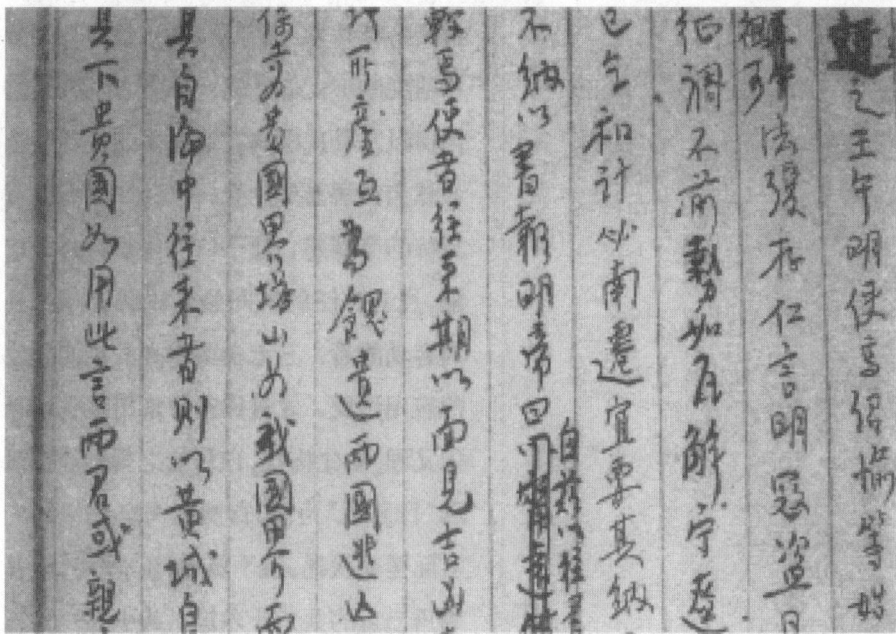

白居易新乐府诗的特点

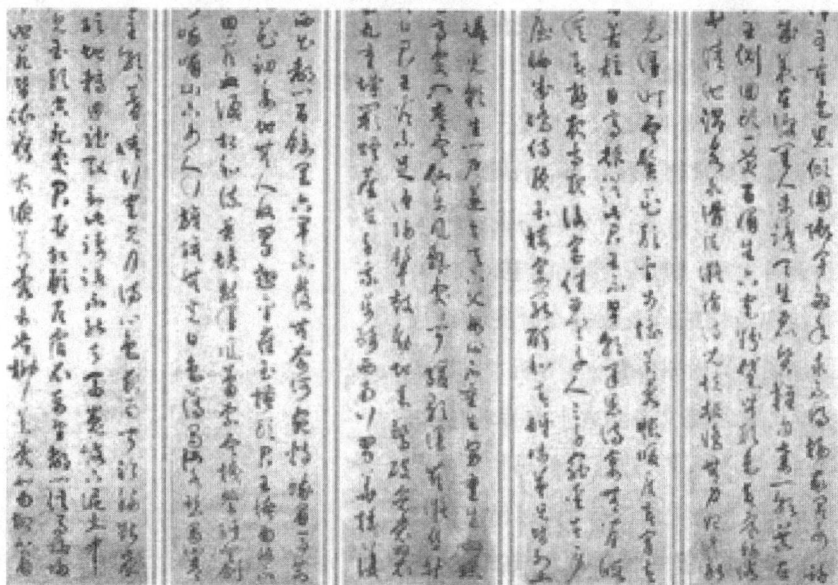

草书白居易诗作《长恨歌》

求，其大量取用三三七以及杂用三七言体，很可能是诗人为这批具有特殊意义的"新歌诗"找寻与之最相适配的形式表达的一种努力。民间通俗诗以及释氏歌赞在这方面的成功经验必然为白居易所注意：一是，三三七体有独特的节奏感，便于口头传播，易于记诵，且有广泛的民间接受传统；二是，从内容功能看，三七杂言体本有论说评议的应用传统，才被佛家取来用以宣扬释门义理、劝化俗众。白居易之《新乐府》既以"行风教"为意，自然也考虑到作品的实际接受状况。五十篇《新乐府》中，起首句用三言的共三十六篇，其中"一句三言"式十四篇，

"两句三言"式二十二篇。句首的三七杂言，无论是三七式，还是三三七式，主要起到强调篇题的作用。三言节奏短促，内容表达明确集中，与节奏较舒缓的七言结合后，可以产生"一顿一叹"的韵律效果。乐天既有"首章标其目"的打算，故《新乐府》多以三言起首，为点题之用，其后再接以七言或五言对前面的"点"加以阐述，引出全篇议题。七言较之三言在叙事、抒情功能上要好，但若求简洁明快、迅速吸引人们的注意力，并在最短时间内给人留下深刻印象，三言就表现出它的优越性。《新乐府》中三三七以及三七杂言体的运用确

行楷白居易诗作《长相思》

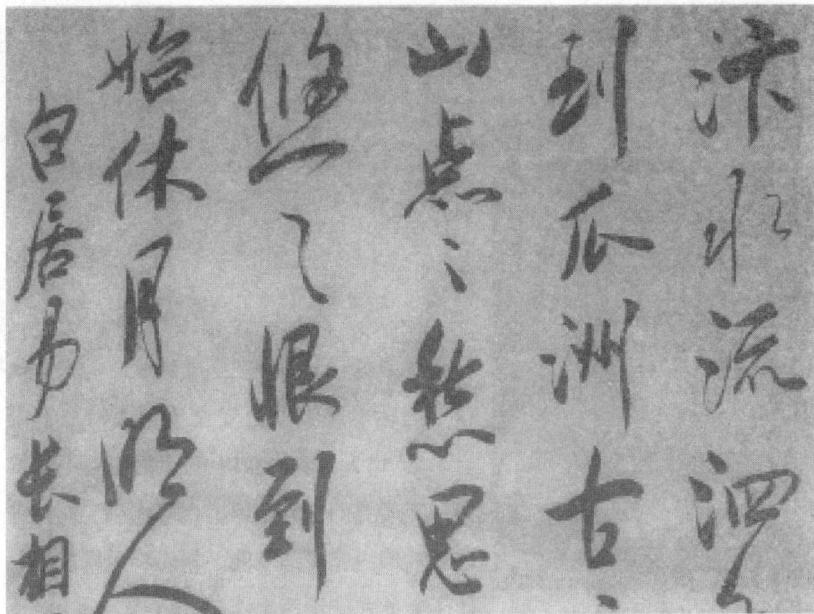

白居易新乐府诗的特点

《白居易＜琵琶行＞诗意图》大型瓷砖壁画

琵琶亭

实较之变文中要灵活丰富得多，诗人刻意经营这一形体结构，不仅取其节奏的流利上口，也考虑到了这种句式的内容表达功能。新乐府尽量在语言及体式的运用上，以有辅教化为准则。

白居易与新乐府

五、白居易新乐府对后世诗歌的影响

白居易塑像

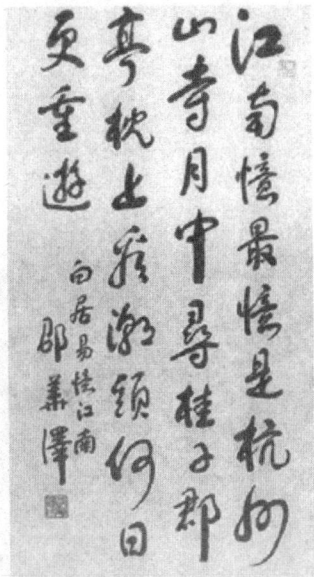

今人临白居易《忆江南》

白居易以《新乐府》五十首为代表的"讽喻诗"，作者本人在生前是颇为看重的，但在当时的诗坛上，似乎影响并不大。对此，白居易曾作过比较实事求是的分析。他说："至于讽喻者，意激而言质；闲适者，思淡而词迂，以质合迂，宜人之不爱也。"他认为，表达思想尖锐激烈，语言质朴平实，是人们不喜爱他的"讽喻诗"的原因。显然，他是从我们现代人所谓接受美学的角度看待和分析问题的，可以说抓住了文学作品在传播过程中十分关键的问题。晚唐时期，继承白居易新乐府的现实主义精神的作家作品不少，但在体裁和风尚上都与之迥然不同。即使在表达思想感情上"意激"还是颇有白居易的倾向，但在艺术上吟咏咀嚼的韵味，显然胜过白居易的新乐府，尤其是晚唐诗人运用五七言近体诗所写的乐府作品。特别应当说清楚的是，自白居易生前开始，人们对他的诗歌的爱好、效法，就比较集中地表现在他的闲适、感伤、杂律诗上。上引白居易说当时人不爱他的闲适诗，当然是事实。但他《与元九书》的写作时间是在被贬为江州司马的元和十年(815年)，年代较早。到了长庆四年(824年)，元稹在《白氏长庆集序》中虽

誠人天際去，計程今日到梁州。瞿塘峽

煙低白帝城頭月向西，唱到竹枝聲咽處

樣晴鳥一時啼，淚盡羅巾夢不成。夜深

嚴按歌聲紅顏未老恩先斷，斜倚重

然仍说"乐天《秦中吟》《贺雨》讽喻闲适等篇，时人罕能知者"，但同时还说到他与白居易之间始自"同校秘书"的早年，直到"各佐江（州）、通（州），复相酬寄"的百韵律诗及杂体诗，"巴、蜀、江、楚间泊长安中少年，递相仿效，竞作新词，自谓'元和诗'"。这样，使得他们这部分诗歌传播极广，"自篇章已来，未有如是流传之广者"。从内容上说，白居易、元稹广为流传的诗歌即"闲适""感伤"之类。这就充分说明了在白居易生前，他的广为传播，为人所喜爱、效法的诗歌是闲适诗，但其新乐府则不太为人们所喜爱。在整个中晚唐时期的诗坛上，白居

"元白梦游曲江"塑像

白居易与新乐府

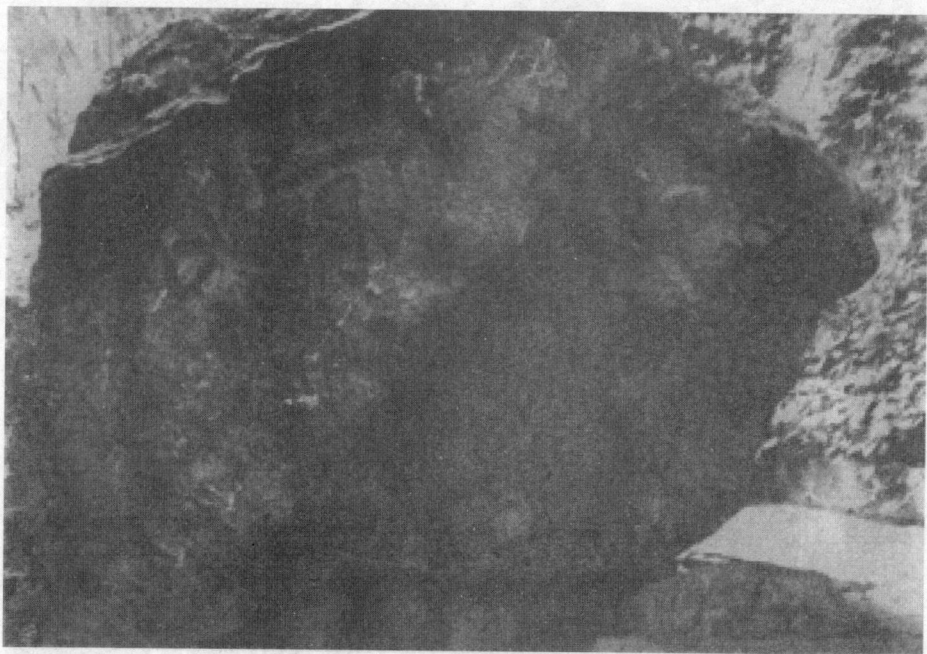
白园风光

易最有影响的恰恰就是这类"元和体"诗歌，尽管晚唐诗坛上有一股继承其新乐府发展而来的余风。唐末五代时期，白居易的"讽喻诗"，特别是其中的《新乐府》五十首，曾引起过一些诗人的注意，并不断有人拟作，产生了一定的影响。如四明人胡抱章作《拟白氏讽谏》五十首，亦行于东南，然其辞甚平。后孟蜀末杨士达亦撰五十篇，颇讽时事。尽管这些作品已经亡逸，说明其成就不高，不足以流传后世，但这个创作现象本身则反映了白居易新乐府在当时产生过影响的事实。不过，在这段历史时期里，白居易诗歌更巨

白居易塑像

白居易新乐府对后世诗歌的影响

白园白亭一景

大、深远的影响，恐怕还是在于沿袭元《白氏长庆集序》所说的流风，又适应末世的需要，进一步演变发展了的"元和体"风尚。

稍后成为北宋初年最早一批代表诗人的李畴、徐铉等人，就是从五代十国入宋的，他们的诗歌创作崇尚白居易，深受其浅易流畅的"元和体"诗风的影响。正是由于上述原因，白居易的"元和体"在宋初诗坛上大畅其风。"白体"诗人的创作风尚，就是"元和体"在宋初社会条件下，封建士大夫优游岁月的生活趣味和情调的反映。在此基础上，我们进一步考察白居易诗歌对整个宋代诗坛的影响可以发现，白居易浸润有宋一代诗人的，主要还是"元和体"。它突出的表现，就是其闲适旷达的旨趣，平易浅近的诗风，极为广泛而深刻地影响了宋代诗人，因而成为建构"宋调"风格范式的一个基本渊源。对宋代的许多诗人，都可以从这个角度来观察、认识他们对白居易的学习、效法。我们不妨具体来看看这方面的情况。范仲淹说："我欲抽身希白傅"，"元白邻封且唱酬"。这位著名的政治家也要效法白居易闲适的生活态度，诗歌创作上也深受"元和体"的影响。苏颂当然更是学习"白体"的著名诗人，其实他仿效的

范仲淹塑像

苏轼塑像

就是"元和体"。就连梅尧臣也有学习"白体",诗风平实直遂或流利婉畅的一面。张耒《效白体二首》之类明标学习"白体"的诗篇不少，阅读一下便知是学习"元和体"的风尚。南宋诗人效法"白体"的也不少，张镃说杨万里效白体："白傅风流造坦夷"，颇得其风神。范成大晚年也很喜爱"元和体"，他曾

白居易生辰纪念碑

多次在诗中说过："香山老去病中诗"，"乐天号达道，晚境犹作恶"。他的作品中确实有不少类似白居易的闲适之作。其实，即使是欧阳修、苏轼、陆游等大诗人，他们的诗歌里也都表现出一些"元和体"风尚。研读他们的作品，不难得到体认。与白居易的"元和体"诗歌在宋代大畅其风相反，他的"讽

白居易故居风光

喻诗"似乎被人们冷落了。在这种文学背景下，甚至出现了对白居易新乐府深度不满的现象。北宋中期诗人张舜民可谓是这当中的典型。张舜民谓乐天《新乐府》几乎骂，乃为《孤愤吟》五十篇以压之。然其诗不传。这恐怕不是一个孤立的现象。白居易的新乐府是以反映"时""事"，干预社会，"救济人病，裨补时阙"为职志的。在宋代，具有这种精神实质的诗歌并不少见。宋代文人关心社会，议论时政的热情很高，他们的文学创作从多方面对此进行了充分的表现。但是，仅以继承乐府的传统，运用乐府的形式来表现上述思想内容而言，宋人或用汉魏乐府的

体式，或用唐代"张王乐府"的范式，特别是喜爱运用后者为多。宋初王禹偁在其诗歌创作上转变了"白体"诗风之后写的一些诗篇，如《感流亡》《乌啄疮驴歌》《对雪示嘉韦祐》《江豚歌》等，是有白居易"讽喻诗"的精神，也有其韵致的。从此以后，有宋一代，这样的情形好像就很少出现了。

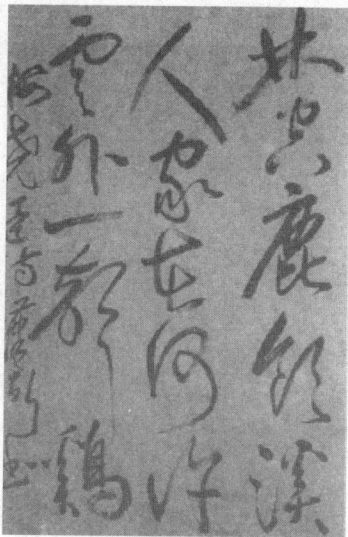

草书梅尧臣诗作《鲁山山行》（局部）

然而，宋代学习、效法古乐府、"张王乐府"的诗人则比较多，形成了一道独特的诗坛景观。梅尧臣《田家语》《汝坟贫女》等名篇，属于古乐府的风尚。张舜民不满白居易新乐府，他的诗歌比较明显地效法古乐府，如《关山月》《紫骝马》《城

白居易新乐府对后世诗歌的影响

曹勋扇面作品

白居易故居一角

白居易与新乐府

上乌》《打麦》等诗，都是显例。南宋初年，曹勋对古乐府的学习、继承更为全面和深入。他拟写古题的作品较多，在意旨、体制、格调等方面，也都大有古乐府的韵致。就是他的那些即事名篇的新题乐府诗，在艺术特征上，也同样以效法古乐府为主导倾向。宋代诗人效法"张王乐府"似乎更为突出。他们既在题材内容上比较全面地继承了"张王乐府"，广泛地关注社会现实，反映民主疾苦，还体现了诗人们的日常生活情怀；又在艺术上效法"张王乐府"，一般都具有平易浅明的风尚，却又显示出精悍简练的特色。宋代许多诗人从理论探讨、创作实践上都对"张王乐府"极为重视，取得的成就确实令人注目。这种情况与宋代诗人几乎没有谈论白居易的"新乐府"，也很少在创作上效法它，形成了极为鲜明的对照。究其原因，关键在于"张王乐府"雅俗皆可入诗的题材取向和明白浅近、简练精深的艺术风尚，比较符合宋代诗人的追求和趋向。到了元代诗坛上，白居易新乐府不受重视的情况却有较大的改观。就我们所涉猎的资料而言，元代诗人从理论上阐发白居易新乐府的极少见到，但他们在创作上学习、效法白居易新乐府的却是比比皆是。元初的王恽，在其诗歌里就有所表现。他曾在诗里说："拾遗乐府即谏章，

白居易草堂远景

白居易与新乐府

相国丝纶号新格。""谏章"就是指白居易早
年身为谏官拾遗时所作的《新乐府》十五首、
《秦中吟》十首等诗篇，表明他对白居易此
类诗是比较重视的。他的一些作品如《流民
叹》《贺雨诗》《驱狼行》等，确实在一定程
度上具有白居易讽喻诗的倾向。他的咏史七
古如《羽林万骑歌》等，在意绪上也显然有
取于白居易《新乐府》五十首里吟咏唐代本
朝有关政治、文化上的史实的篇章，明显具
有白居易新乐府的风韵。

　　元代诗人学习、效法白居易的新乐府，
真正形成一种创作倾向，颇有一点声势，取

得较高成就，是在元代后期。遹贤、杨维桢、朱德润、傅若金、周霆震、王冕等人都是其中比较突出的人物。遹贤效法白居易新乐府的诗篇，比较集中反映了当时的民生疾苦，颇为符合白居易"惟歌生民病"的写作主张。代表作有《新乡媪》《卖盐妇》《颍州老翁歌》《新堤谣》等诗。它们的选材比较典型，所写的都是下层劳动人民中的"老媪""老翁"的苦难生活和悲惨遭遇；并且都采用让主人公"自述"的现身说法方式，一篇围绕一个中心问题来写；叙写刻画比较仔细详赡，使这些诗篇都成为真实性极强的叙事诗。这种创作机杼，完全可以从白居易《新乐府》

杨维桢《城南唱和诗册》（局部）

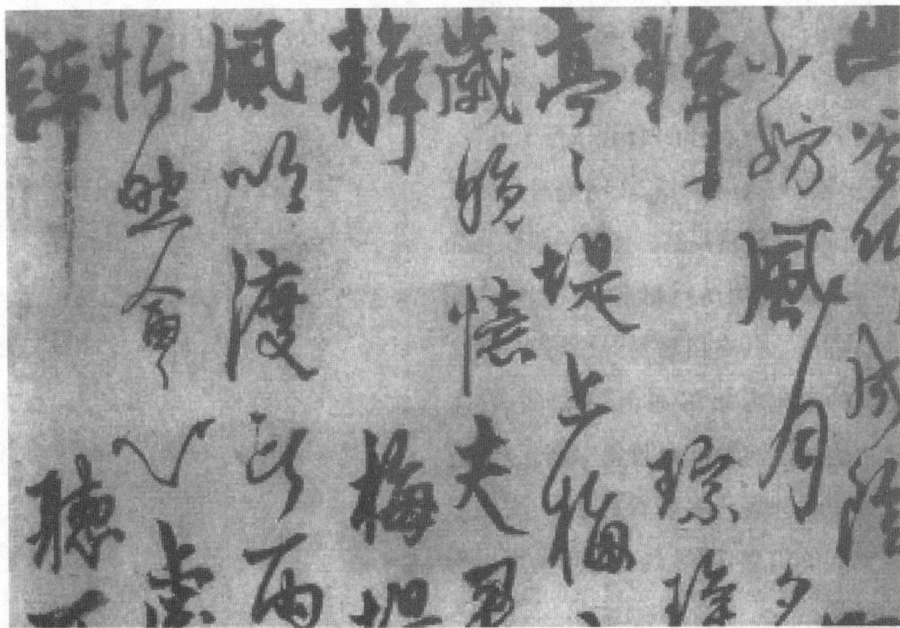

白居易与新乐府

五十首里得到确切的体认。将遁贤上述诗篇
与元、白的新乐府理论和白居易《新乐府》
五十首进一步加以对照，我们还可以发现，
遁贤学习、效法白居易新乐府极为认真，可
以说达到了刻意的程度。诸如在即事名篇，
自立新题；首句标目，卒章明志，义归讽谏，
经常运用对比手法；叙事详明，情节具体仔
细；诗风通俗质朴，造语平实浅易等方面，
都深得白居易新乐府的精髓。遁贤的朋友评
述其《新乡媪》诗说："其词质而婉，丰而
不浮，其旨盖将归于讽谏云尔。昔唐白居易
为乐府百余篇，以规讽时政，流闻禁中，即
日擢为翰林学士。易之他诗，若西曹郎、颍

朱德润《秀野轩图》（局部）

会稽杨维桢谋并书

莫字上卿别锦梅陇又锦蒌莒後魏晋之间著为望族後育宜焉固史家膜载之详矣其真祖父著医要刚行业史氏懷旅时生上卿栗賜慈週人九歲通经人皆稱為聖童會父惠瘭疾三人莫敢療上卿日夜涕泣慨然不可不起醫誠我是言也为盡所藏素問醫经等書翻閱不巳像于市南別業昕户禮绦遗事

杨维桢书法作品（局部）

州老翁等篇，其关于政治，视白居易可以无愧，而藻绘之工殆过之矣。"遁贤的此类诗篇，从思想内容、精神实质、创作目的、写作特色、艺术风尚等许多方面确实有意识地继承了白居易的新乐府，其逼真神似的程度，自晚唐五代以来，没有人能够比得上他，应当引起我们的足够重视。

杨维桢的诗歌，以"铁崖体"在元代文学史上占有重要的一席。但他喜爱乐府，诗歌里有大量的记事名篇、因事立题之作，并且内容广泛，表现了作者对历史和现实中的许多问题的看法。这类作品往往具有较强的叙事性，作者又喜爱写上"小序"，交代有关事实，或说明写作主旨，显然沿袭了《诗经》以及白居易《新乐府》五十首的做法。虽然它们多以诡怪的"铁崖体"为基本特色，但其中一些以表现民生疾苦为主旨的篇章，如《卖盐妇》等诗，叙写详细，故事完整，通俗平实，质朴浅切却是与白居易的新乐府颇为接近的。总之，杨维桢的诗歌受白居易新乐府的影响是明显的事实，尽管在其诗歌创作中不能算是主导倾向。

朱德润、傅若金、周霆震、王冕等人都是元末作家，他们的诗歌创作也都受到白居易新乐府的影响。他们在这方面的诗

杨维桢书法作品（局部）

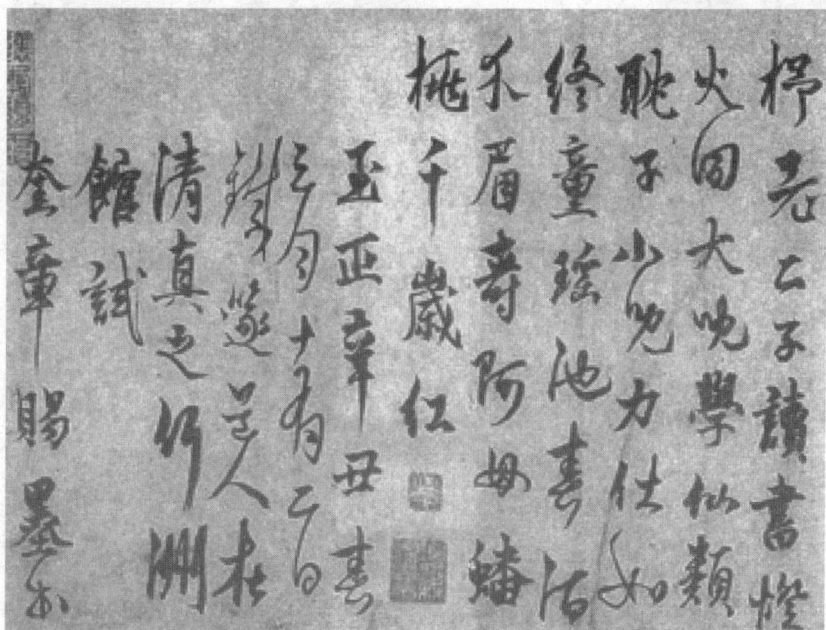

篇，或侧重于批判谴责社会弊端，或侧重于同情人民疾苦。

朱德润显然属于前者。他的《德政碑》《官买田》等诗，都是揭露统治者不良的政治措施和某些社会黑暗现象的。这些现象的受害者都是劳动人民，所以，他们也就从这个角度对民生疾苦寄予了很大的同情。他们在题材内容、精神实质上与白居易的新乐府是一致的，有着明显的承传关系。在艺术表现上，两者之间的关系也是密切的。如在立题名篇上，朱德润是仿效白居易的，一首诗只集中表现一个问题，反映一种现象的构思结撰方式，也与白居易讽喻"一事一吟"相一致。

朱德润《松间横琴图》

还有在首句标目、卒章明志的结体上，在注重叙写和议论相结合的基本写作方法上，在较多地运用杂言，特别是民歌体的"三三七"等句式上，在建立通畅流利、平易质朴的诗风上，都与白居易新乐府颇为相似。可以看出朱德润是悉心仿效白居易新乐府的。无独有偶，傅若金的《南屯老翁行》与朱德润的上述诗篇颇有相类似之处。以"老翁"的口吻，叙述其一家人在乱世的艰难窘境，全诗叙事详细，造语平实，意旨明白。说到底，它与白居易新乐府的风韵很接近，渊源于此也是显而易见的。周霆震的乐府较多，有的沿袭古题，更多的是自立新题，明显受唐代

朱德润《秀野轩图》（局部）

白居易新乐府对后世诗歌的影响

杜甫草堂

杜甫、元稹、白居易、张籍、王建等人的影响，如他的《悲武昌》《豫章吟》《征西谣》《李浔阳死节歌》等诗。有的诗比较讲究运用对比手法，效果强烈；有的喜爱运用"小序"，尽管它们多是记叙性的文字，而不是点明写作主旨，恐怕仍然受《诗经》及白居易新乐府的启发。这些作品多关乎时事，作者的爱憎鲜明，感情十分强烈，可以看到它们与白居易的新乐府是有承传关系的。

六、白居易新乐府诗鉴赏

唐太宗陵墓昭陵一景

序曰：凡九千二百五十二言，断为五十篇。篇无定句，句无定字，系于意，不系于文。首句标其目，卒章显其志，《诗》三百之义也。其辞质而径，欲见之者易谕也。其言直而切，欲闻之者深诫也。其事核而实，使采之者传信也。其体顺而肆，可以播于乐章歌曲也。总而言之，为君、为臣、为民、为物、为事而作，不为文而作也。元和四年，为左拾遗时作。

七德舞

七德舞，七德歌，传自武德至元和。元和小臣白居易，观舞听歌知乐意，

乐终稽首陈其事。太宗十八举兵，白旄黄钺定两京。擒充戮窦四海清，

二十有四功业成。二十有九即帝位，三十有五致太平。功成理定何速？

速在推心置人腹。亡卒遗骸散帛收，饥人卖子分金赎。魏征梦见子夜泣，

张谨哀闻辰日哭。怨女三千放出宫，死囚四百来归狱。

剪须烧药赐功臣，李绩鸣咽思杀身。含血吮疮抚战士，思摩奋呼乞效死。

则知不独善战善乘时，以心感人人心归。尔来一百九十载，天下至今歌舞之。歌七德，舞七德，圣人有作垂无极。岂徒耀神武，岂徒夸圣文。

太宗意在陈王业。王业艰难示子孙。

魏征塑像

海漫漫

　　海漫漫，直下无底傍无边。云涛烟浪最深处，人传中有三神山。山上多生不死药，服之羽化为天仙。秦皇汉武信此语，方士年年采药去。蓬莱今古但闻名，烟水茫茫无觅处。

　　海漫漫，风浩浩，眼穿不见蓬莱岛。不见蓬莱不敢归，童男鬌女舟中老。徐福文成多诳诞，上元太一虚祈祷。君看骊山顶上茂陵头，毕竟悲风吹蔓草。何况玄元圣祖五千言，不言药，不言仙，不言白日升青天。

骊山风光

白居易与新乐府

白居易草堂莲池

上阳白发人

上阳人，红颜暗老白发新。绿衣监使守宫门，一闭上阳多少春。

玄宗末岁初选入，入时十六今六十。同时采择百余人，零落年深残此身。忆昔吞悲别亲族，扶入车中不教哭。皆云入内便承恩，脸似芙蓉胸似玉。未容君王得见面，已被杨妃遥侧目。妒令潜配上阳宫，一生遂向空房宿。宿空房，秋夜长，夜长无寐天不明。耿耿残灯背壁影，萧萧暗雨打窗声。春日迟，日迟独坐天难暮。宫莺百啭愁厌闻，梁燕双栖老休妒。莺归燕去长悄然，春往秋来不记年。唯向深宫望明月，东西四五百回圆。今日宫中年最老，大家遥赐尚书号。小头鞋履窄衣裳，青黛点眉眉细长。

外人不见见应笑，天宝末年时世妆。

上阳人，苦最多。少亦苦，老亦苦，少苦老苦两如何？

君不见昔时吕向美人赋，又不见今日上阳白发歌。

新丰折臂翁

新丰老翁八十八，头鬓眉须皆似雪。玄孙扶向店前行，左臂凭肩右臂折。

问翁臂折来几年，兼问致折何因缘。翁云贯属新丰县，生逢圣代无征战。

惯听梨园歌管声，不识旗枪与弓箭。无何天宝大征兵，户有三丁点一丁。

点得驱将何处去？五月万里云南行。闻道云南有泸水水，椒花落时瘴烟起。

大军徒涉水如汤，未过十人二三死。村南村北哭声哀，儿别爷娘夫别妻。

皆云前后征蛮者，千万人行无一回。是时翁年二十四，兵部牒中有名字。

夜深不敢使人知，偷将大石锤折臂。张弓簸旗俱不堪，从兹始免征云南。

骨碎筋伤非不苦，且图拣退归乡土。此臂折来六十年，一肢虽废一身全。

至今风雨阴寒夜，直到天明痛不眠。痛不眠，终不悔，且喜老身今独在。

太行山风光

不然当时泸水头，身死魂飞骨不收。应作云南望乡鬼，万人冢上哭呦呦。

太行路

太行之路能摧车，若比人心是坦途。巫峡之水能覆舟，若比人心是安流。

人心好恶苦不常，好生毛羽恶生疮。与君结发未五载，岂期牛女为参商。

古称色衰相弃背，当时美人犹怨悔。何况如今鸾镜中，妾颜未改君心改。

为君熏衣裳，君闻兰麝不馨香。为君盛容饰，君看金翠无颜色。

行路难，难重陈。人生莫作妇人身，百

年苦乐由他人。

行路难，难于山，险于水。不独人间
夫与妻，近代君臣亦如此。

君不见：左纳言，右纳史。朝承恩，
暮赐死。

行路难，不在水，不在山，只在人情
反覆间！

昆明春水满

昆明春，昆明春，春池岸古春流新。
影浸南山青滉漾，波沉西日红奫沦。

往年因旱池枯竭，龟尾曳涂鱼煦沫。
诏开八水注恩波，千介万鳞同日活。

今来净渌水照天，游鱼鲅鲅莲田田。
洲香杜若抽心短，沙暖鸳鸯铺翅眠。

昆明春色

动植飞沉皆遂性，皇泽如春无不被。渔者乃丰网罟资，贫人又获菰蒲利。

诏以昆明近帝城，官家不得收其征。菰蒲无租鱼无税，近水之人感君惠。

感君惠，独何人？吾闻"率土皆王民"。远民何疏近何亲？愿推此惠及天下，

无远无近同欣欣。吴兴山中罢榷茗，鄱阳坑里休封银。天涯地角无禁利，

熙熙同似昆明春。

道州民

道州民，多侏儒，长者不过三尺余。市作矮奴年进送，号为道州任土贡。

任土贡，宁若斯？不闻使人生别离，老翁哭孙母哭儿。

白居易在庐山题写的"花径"二字

　　一自阳城来守郡，不进矮奴频诏问。
城云臣按六典书，任土贡有不贡无。

　　道州水土所生者，只有矮民无矮奴。
吾君感悟玺书下，岁贡矮奴宜悉罢。

　　道州民，老者幼者何欣欣。父兄子弟
始相保，从此得作良人身。

　　道州民，民到于今受其赐，欲说使君
先下泪。仍恐儿孙忘使君，生男多以阳为
字。

缚戎人

　　缚戎人，缚戎人，耳穿面破驱入秦。
天子矜怜不忍杀，诏徙东南吴与越。

　　黄衣小使录姓名，领出长安乘递行。

阴山风光

身被金疮面多瘢，扶病徒行日一驿。

朝餐饥渴费杯盘，夜卧腥臊污床席。忽逢江水忆交河，垂手齐声呜咽歌。

其中一虏语诸虏，尔苦非多我苦多。同伴行人因借问，欲说喉中气愤愤。

自云乡管本凉原，大历年中没落蕃。一落蕃中四十载，遣著皮裘系毛带。

唯许正朝服汉仪，敛衣整巾潜泪垂。誓心密定归乡计，不使蕃中妻子知。

暗思幸有残筋力，更恐年衰归不得。蕃候严兵鸟不飞，脱身冒死奔逃归。

昼伏宵行经大漠，云阴月黑风沙恶。惊藏青冢寒草疏，偷渡黄河夜冰薄。

骊山风光

忽闻汉军鼙鼓声，路傍走出再拜迎。游骑不听能汉语，将军遂缚作蕃生。

配向江南卑湿地，定无存恤空防备。念此吞声仰诉天，若为辛苦度残年！

凉原乡井不得见，胡地妻儿虚弃捐。没蕃被囚思汉土，归汉被劫为蕃虏。

早知如此悔归来，两地宁如一处苦？缚戎人，戎人之中我苦辛。

自古此冤应未有，汉心汉语吐蕃身。

骊宫高

高高骊山上有宫，朱楼紫殿三四重。迟迟兮春日，玉甃暖兮温泉溢。

袅袅兮秋风，山蝉鸣兮宫树红。翠华不

来岁月久，墙有衣兮瓦有松。

吾君在位已五载，何不一幸乎其中？西去都门几多地，吾君不游有深意。

一人出兮不容易，六宫从兮百司备。八十一车千万骑，朝有宴饮暮有赐。

中人之产数百家，未足充君一日费。吾君修己人不知，不自逸兮不自嬉。

吾君爱人人不识，不伤财兮不伤力。骊宫高兮高入云，君之来兮为一身，君之不来兮为万人。

百链镜

百链镜，熔范非常规，日辰处所灵且祇。江心波上舟中铸，五月五日日午时。

华山夕照

白居易与新乐府

094

琼粉金膏磨莹已，化为一片秋潭水。

镜成将献蓬莱宫，扬州长吏手自封。

人间臣妾不合照，背有九五飞天龙。

人人呼为天子镜，我有一言闻太宗。

太宗常以人为镜，鉴古鉴今不鉴容。

四海安危居掌内，百王治乱悬心中。

乃知天子别有镜，不是扬州百链铜。

两朱阁

两朱阁，南北相对起。借问何人家？

贞元双帝子。

帝子吹箫双得仙，五云飘摇飞上天。

第宅亭台不将去，化为佛寺在人间。

妆阁妓楼何寂静，柳似舞腰池似镜。

唐太宗与房玄龄及众大臣像

白居易墓碑刻

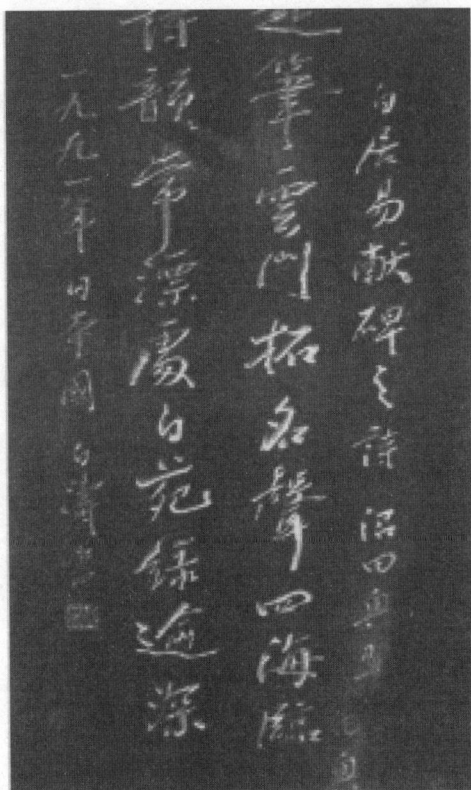

"韩国白氏宗亲访华团"所立纪念碑

白居易与新乐府

白居易墓碑刻

花落黄昏悄悄时，不闻歌吹闻钟磬。

寺门敕榜金字书，尼院佛庭宽有余。
青苔明月多闲地，比屋疲人无处居。

忆昨平阳宅初置，吞并平人几家地？
仙去双双作梵宫。渐恐人间尽为寺。

西凉伎

西凉伎，假面胡人假狮子。刻木为头
丝作尾，金镀眼睛银贴齿。

奋迅毛衣摆双耳，如从流沙来万里。
紫髯深目两胡儿，鼓舞跳梁前致辞。

应似凉州未陷日，安西都护进来时。
须臾云得新消息，安西路绝归不得。

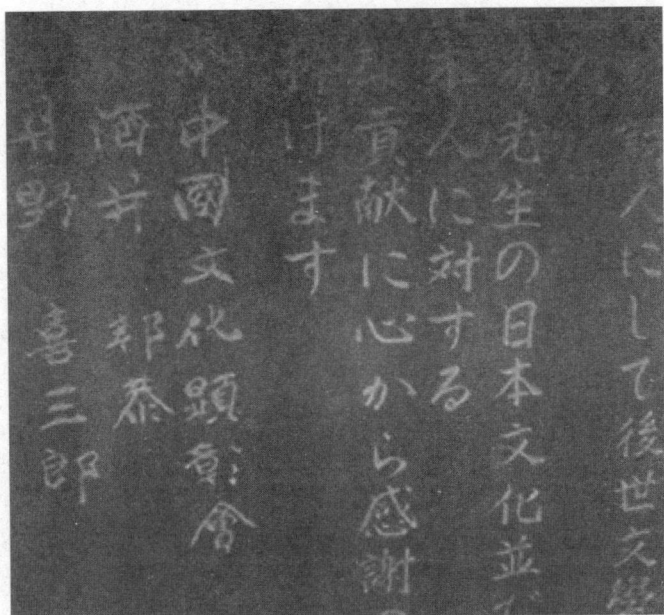

日本"中国文化显彰团"歌颂白居
易的碑刻

泣向狮子涕双垂，凉州陷没知不知？狮
子回头向西望，哀吼一声观者悲。

贞元边将爱此曲，醉坐笑看看不足。享
宾犒士宴三军，狮子胡儿长在目。

有一征夫年七十，见弄凉州低面泣。泣
罢敛手白将军，主忧臣辱昔所闻。

自从天宝兵戈起，犬戎日夜吞西鄙。凉
州陷来四十年，河陇侵将七千里。

平时安西万里疆，今日边防在凤翔。缘
边空屯十万卒，饱食温衣闲过日。

遗民肠断在凉州，将卒相看无意收。天
子每思长痛惜，将军欲说合惭羞。

奈何仍看西凉伎，取笑资欢无所愧！纵

无智力未能收，忍取西凉弄为戏？

八骏图

穆王八骏天马驹，后人爱之写为图。

背如龙兮颈如象，骨竦筋高脂肉壮。

日行万里速如飞，穆王独乘何所之？

四荒八极踏欲遍，三十二蹄无歇时。

属车轴折趁不及，黄屋草生弃若遗。

瑶池西赴王母宴，七庙经年不亲荐。

璧台南与盛姬游，明堂不复朝诸侯。

《白云》《黄竹》歌声动，一人荒乐万人愁。

周从后稷至文武，积德累功世勤苦。岂知

才及四代孙，心轻王业如灰土。

由来尤物不在大，能荡君心则为害。

白居易墓碑刻

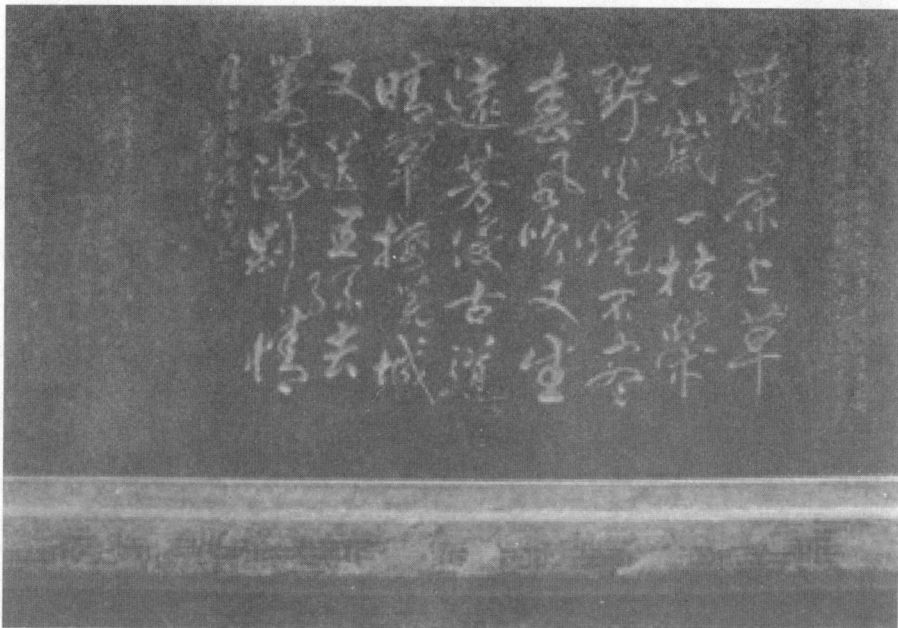

杜陵风光

文帝却之不肯乘，千里马去汉道兴。

穆王得之不为戒，八骏驹来周室坏。至今此物世称珍，不知房星之精下为怪。

八骏图，君莫爱。

涧底松

有松百尺大十围，生在涧底寒且卑。涧深山险人路绝，老死不逢工度之。

天子明堂欠梁木，此求彼有两不知。谁喻苍苍造物意，但与之材不与地。

金张世禄原宪贫，牛衣寒贱貂蝉贵。貂蝉与牛衣，高下虽有殊。

高者未必贤，下者未必愚。君不见沉沉海底生珊瑚。历历天上种白榆。

杜陵叟

古城雪景

　　杜陵叟，杜陵居，岁种薄田一顷余。三月无雨旱风起，麦苗不秀多黄死。

　　九月降霜秋早寒，禾穗未熟皆青干。长吏明知不申破，急敛暴征求考课。

　　典桑卖地纳官租，明年衣食将何如？剥我身上帛，夺我口中粟。

　　虐人害物即豺狼，何必钩爪锯牙食人肉！不知何人奏皇帝，帝心恻隐知人弊。

　　白麻纸上书德音，京畿尽放今年税。昨日里胥方到门，手持敕牒榜乡村。

　　十家租税九家毕，虚受吾君蠲免恩。

卖炭翁

　　卖炭翁，伐薪烧炭南山中。满面尘灰烟火色，两鬓苍苍十指黑。

卖炭得钱何所营？身上衣裳口中食。可怜身上衣正单，心忧炭贱愿天寒。

夜来城外一尺雪，晓驾炭车辗冰辙。牛困人饥日已高，市南门外泥中歇。

翩翩两骑来是谁？黄衣使者白衫儿。手把文书口称敕，回车叱牛牵向北。

一车炭，千余斤，官使驱将惜不得。半匹红纱一丈绫，系向牛头充炭直。

母别子

母别子，子别母，白日无光哭声苦。关西骠骑大将军，去年破虏新策勋。

敕赐金钱二百万，洛阳迎得如花人。新人迎来旧人弃，掌上莲花眼中刺。

阴山风光

白居易与新乐府

阴山密林

　　迎新弃旧未足悲，悲在君家留两儿。一
始扶行一初坐，坐啼行哭牵人衣。

　　以汝夫妇新燕婉，使我母子生别离。不
如林中乌与鹊，母不失雏雄伴雌。

　　应似园中桃李树，花落随风子在枝。新
人新人听我语，洛阳无限红楼女。

　　但愿将军重立功，更有新人胜于汝。

阴山道

　　阴山道，阴山道，纥逻敦肥水泉好。每
至戎人送马时，道旁千里无纤草。

　　草尽泉枯马病赢，飞龙但印骨与皮。
五十匹缣易一匹，缣去马来无了日。

　　养无所用去非宜，每岁死伤十六七。缣

汉武帝画像

丝不足女工苦，疏织短截充匹数。

藕丝蛛网三丈余，回鹘诉称无用处。咸安公主号可敦，远为可汗频奏论。

元和二年下新敕，内出金帛酬马直。仍诏江淮马价缣，从此不令疏短织。

合罗将军呼万岁，捧授金银与缣彩。谁知黠虏启贪心，明年马多来一倍。

缣渐好，马渐多。阴山虏，奈尔何。

时世妆

时世妆，时世妆，出自城中传四方。时世流行无远近，腮不施朱面无粉。

乌膏注唇唇似泥，双眉画作八字低。妍

嫭黑白失本态，妆成尽似含悲啼。

圆鬟无鬓椎髻样，斜红不晕赭面状。昔闻被发伊川中，辛有见之知有戎。

元和妆梳君记取，髻椎面赭非华风。

李夫人

汉武帝，初丧李夫人。夫人病时不肯别，死后留得生前恩。

君恩不尽念不已，甘泉殿里令写真。丹青画出竟何益？

不言不笑愁杀人。又令方士合灵药，玉釜煎链金炉焚。

九华帐深夜悄悄，反魂香降夫人魂。夫

远观汉武帝与李夫人墓

人之魂在何许？

香烟引到焚香处。既来何苦不须臾？

缥缈悠扬还灭去。去何速兮来何迟？是
耶非耶两不知。

翠蛾仿佛平生貌，不似昭阳寝疾时。魂
之不来君心苦，魂之来兮君亦悲。

背灯隔帐不得语，安用暂来还见违。伤
心不独汉武帝，自古及今皆若斯。

君不见穆王三日哭，重璧台前伤盛姬。
又不见泰陵一掬泪，马嵬坡下念贵妃。

纵令妍姿艳质化为土，此恨长在无销期。
生亦惑，死亦惑，尤物惑人忘不得。

人非木石皆有情，不如不遇倾城色。

汉武帝茂陵一景

白居易与新乐府

陵园妾

陵园妾，颜色如花命如叶。命如叶薄
将奈何？

一奉寝宫年月多。年月多，春愁秋思
知何限？

青丝发落丛鬓疏，红玉肤销系裙缦。
忆昔宫中被妒猜，因谗得罪配陵来。

老母啼呼趁车别，中宫监送锁门回。
山宫一闭无开日，未死此身不令出。

松门到晓月徘徊，柏城尽日风萧瑟。
松门柏城幽闭深，闻蝉听燕感光阴。

眼看菊蕊重阳泪，手把梨花寒食心。
把花掩泪无人见，绿芜墙绕青苔院。

梨花绽放

四季徒支妆粉钱，三朝不识君王面。遥想六宫奉至尊，宣徽雪夜浴堂春。

雨露之恩不及者，犹闻不啻三千人。三千人，我尔军恩何厚薄？

愿令轮转直陵园，三岁一来均苦乐。

盐商妇

盐商妇，多金帛，不事田农与蚕绩。南北东西不失家，风水为乡船作宅。

本是扬州小家女，嫁得西江大商客。绿鬟富去金钗多，皓腕肥来银钏窄。

前呼苍头后叱婢，问尔因何得如此？婿作盐商十五年，不属州县属天子。

每年盐利入官时，少入官家多入私。官家利薄私家厚，盐铁尚书远不知。

何况江头鱼米贱，红脍黄橙香稻饭。
饱食浓妆倚柁楼，两朵红腮花欲绽。

盐商妇，有幸嫁盐商。终朝美饭食，
终岁好衣裳。

好衣美食有来处，亦须惭愧桑弘羊。
桑弘羊，死已久，不独汉时今亦有。

井底引银瓶

井底引银瓶，银瓶欲上丝绳绝。石上
磨玉簪，玉簪欲成中央折。

瓶沉簪折知奈何？似妾今朝与君别。

忆昔在家为女时，人言举动有殊姿。
婵娟两鬓秋蝉翼，宛转双蛾远山色。

笑随戏伴后园中，此时与君未相识。

白玉簪花

妾弄青梅凭短墙，君骑白马傍垂杨。

墙头马上遥相顾，一见知君即断肠。知君断肠共君语，君指南山松柏树。

感君松柏化为心，暗合双鬟逐君去。到君家舍五六年，君家大人频有言。

聘则为妻奔是妾，不堪主祀奉蘋蘩。终知君家不可住，其奈出门无去处。

岂无父母在高堂？亦有亲情满故乡。

潜来更不通消息，今日悲羞归不得。为君一日恩，误妾百年身。

寄言痴小人家女，慎勿将身轻许人！

官牛

岸边垂柳

官牛官牛驾官车，浐水岸边般载沙。一

石沙，几斤重？

朝载暮载将何用？载向五门官道西，绿槐阴下铺沙堤。

昨来新拜右丞相，恐怕泥涂污马蹄。右丞相，马蹄踏沙虽净洁，牛领牵车欲流血。右丞相，但能济人治国调阴阳，官牛领穿亦无妨。

紫毫笔

紫毫笔，尖如锥兮利如刀。江南石上有老兔，吃竹饮泉生紫毫。

宣城之人采为笔，千万毛中拣一毫。毫虽轻，功甚重。

管勒工名充岁贡，君兮臣兮勿轻用。勿轻用，将何如？

愿赐东西府御史，愿颁左右台起居。搦管趋入黄金阙，抽毫立在白玉除。

臣有奸邪正衔奏，君有动言直笔书。起居郎，侍御史，尔知紫毫不易致。

每岁宣城进笔时，紫毫之价如金贵。慎勿空将弹失仪，慎勿空将录制词。

隋堤柳

隋堤柳，岁久年深尽衰朽。风飘飘兮雨萧萧，三株两株汴河口。

老枝病叶愁杀人，曾经大业年中春。

紫毫笔

长安宫匾额

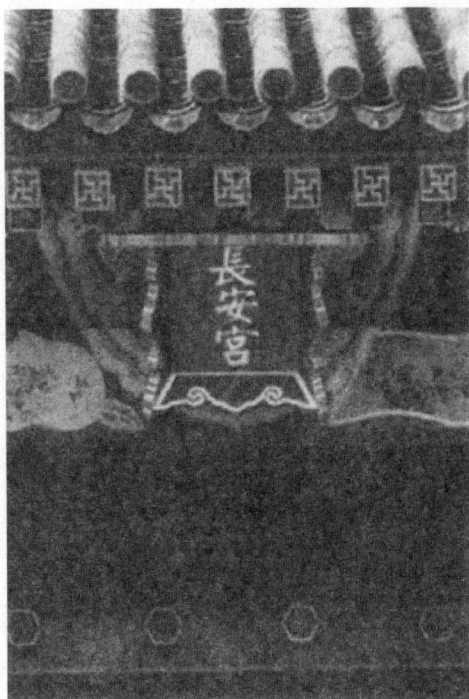

汴河风光

白居易与新乐府

骊山风景

大业年中炀天子，种柳成行夹流水。

西自黄河东至淮，绿阴一千三百里。大业末年春暮月，柳色如烟絮如雪。

南幸江都恣佚游，应将此柳系龙舟。紫髯郎将护锦缆，青娥御史直迷楼。

海内财力此时竭，舟中歌笑何日休？上荒下困势不久，宗社之危如缀旒。

炀天子，自言福祚长无穷，岂知皇子封酅公。龙舟未过彭城阁，义旗已入长安宫。

萧墙祸生人事变，晏驾不得归秦中。土坟数尺何处葬？

吴公台下多悲风。二百年来汴河路，沙草和烟朝复暮。

后王何以鉴前王？请看隋堤亡国树。

神龙图

草茫茫

草茫茫，土苍苍。苍苍茫茫在何处？

骊山脚下秦皇墓。墓中下涸二重泉，当时自以为深固。

下流水银象江海，上缀珠光作乌兔。别为天地于其间，拟将富贵随身去。

一朝盗掘坟陵破，龙椁神堂三月火。可怜宝玉归人间，暂借泉中买身祸。

奢者狼藉俭者安，一凶一吉在眼前。凭君回首向南望，汉文葬在灞陵原。

黑潭龙

黑潭水深黑如墨，传有神龙人不识。潭上驾屋官立祠，龙不能神人神之。

丰凶水旱与疾疫，乡里皆言龙所为。
家家养豚漉清酒，朝祈暮赛依巫口。

神之来兮风飘飘，纸钱动兮锦伞摇。
神之去兮风亦静，香火灭兮杯盆冷。

肉堆潭岸石，酒泼庙前草。不知龙神
享几多，林鼠山狐长醉饱。

狐何幸？豚何辜？年年杀豚将喂狐。
狐假龙神食豚尽，九重泉底龙知无？

天可度

天可度，地可量，唯有人心不可防。
但见丹诚赤如血，谁知伪言巧似簧。

劝君掩鼻君莫掩，使君夫妇为参商。
劝君掇蜂君莫掇，使君父子成豺狼。

汉文帝灞陵雪景

海底鱼兮天上鸟，高可射兮深可钓。唯有人心相对时，咫尺之间不能料。

君不见李义府之辈笑欣欣，笑中有刀潜杀人。阴阳神变皆可测，不测人间笑是瞋。

秦吉了

秦吉了，出南中，彩毛青黑花颈红。耳聪心慧舌端巧，鸟语人言无不通。

昨日长爪鸢，今朝大嘴乌。鸢捎乳燕一窠覆，乌琢母鸡双眼枯。

鸡号堕地燕惊去，然后拾卵攫其雏。岂无雕与鹗？嗉中肉饱不肯搏。

亦有鸾鹤群，闲立扬高如不闻。秦吉了，人云尔是能言鸟，岂不见鸡燕之冤苦？

凤凰

吾闻凤凰百鸟主，尔竟不为凤凰之前致一言，安用噪噪闲言语。

鸦九剑

欧冶子死千年后，精灵暗授张鸦九。
鸦九铸剑吴山中，天与日时神借功。

金铁腾精火翻焰，踊跃求为镆铘剑。
剑成未试十余年，有客持金买一观。

谁知闭匣长思用，三尺青蛇不肯蟠。
客有心，剑无口，客代剑言告鸦九。

君勿矜我玉可切，君勿夸我钟可制。
不如持我决浮云，无令漫漫蔽白日。

为君使无私之光及万物，蛰虫昭苏萌草出。

花径公园琴湖

采诗官

采诗官，采诗听歌导人言。言者无罪闻者诫，下流上通上下泰。

周灭秦兴至隋氏，十代采诗官不置。郊庙登歌赞君美，乐府艳词悦君意。

若求兴谕规刺言，万句千章无一字。不是章句无规刺，渐及朝廷绝讽议。

诤臣杜口为冗员，谏鼓高悬作虚器。一人负扆常端默，百辟入门两自媚。

夕郎所贺皆德音，春官每奏唯祥瑞。君之堂兮千里远，君之门兮九重闭。

君耳唯闻堂上言，君眼不见门前事。贪吏害民无所忌，奸臣蔽君无所畏。

君不见厉王胡亥之末年，群臣有利君无利。君兮君兮愿听此，欲开壅蔽达人情，先向歌诗求讽刺。